COMMISSION D'ÉTUDE DE L'ASSAINISSEMENT

DU HAVRE

RAPPORT GÉNÉRAL

PRÉSENTÉ PAR

M. EDOUARD WIDMER

Ingénieur des Ponts et Chaussées

HAVRE

Imp. MAUDET et GODEFROY, Quai d'Orléans, 19

1882

COMMISSION D'ÉTUDE DE L'ASSAINISSEMENT DU HAVRE

RAPPORT GÉNÉRAL

Présenté par M. Edouard WIDMER

Ingénieur des Ponts et Chaussées

COMMISSION D'ÉTUDE DE L'ASSAINISSEMENT

DU HAVRE

RAPPORT GÉNÉRAL

PRÉSENTÉ PAR

M. EDOUARD WIDMER

Ingénieur des Ponts et Chaussées

HAVRE

Imp. MAUDET et GODEFROY, Quai d'Orléans, 19

1882

VILLE DU HAVRE

COMMISSION D'ÉTUDE DE L'ASSAINISSEMENT DU HAVRE

M. JULES SIEGFRIED, Maire, *Président ;* M. LANGLOIS, *Secrétaire ;*
M. ED. WIDMER, *Rapporteur général.*

MEMBRES DE LA 1re SOUS-COMMISSION

(Dessous de la rue)

MM. RISPAL, Adjoint, *Président ;*
LADVOCAT, Ingénieur, *Secrétaire ;*
LAFAURIE, Docteur-Médecin ;
BRIÈRE, Docteur-Médecin ;
LENNIER, Directeur du Muséum ;
BELLOT, Ingénieur en Chef des Ports Maritimes ;
W. PATRIDGE, Directeur de l'Aquarium ;
CAZAVAN, Directeur des Forges et Chantiers de la Méditerranée ;
BENARD, Architecte ;
G. LIONNET, Maire de Sanvic ;
RAVERAT, Entrepreneur ;
DUPLAT, Conseiller Municipal ;
LEFEBVRE, dito ;
VIANDIER, dito ;
GIBERT, Docteur-Médecin ;
DEWAELE, Ingénieur-Voyer.

MEMBRES DE LA 2me SOUS-COMMISSION

(Dessus de la rue)

MM. RICHER, Adjoint, *Président ;*
GÉRARD, Ingénieur-Voyer, *Secrétaire ;*
GIBERT, Docteur-Médecin ;
MARGUERITTE, Docteur-Médecin ;
GAUTHIER, Directeur de la Compagnie du Gaz ;
CHARLES, Architecte des Propriétés communales ;
CHAUVEL, Docteur-Médecin ;
ED. WIDMER, Ingénieur des Ponts-et-Chaussées ;
ANGU, Agent-Voyer ;

MEMBRES DE LA 2me SOUS-COMMISSION *(suite)*

MM. RŒDERER, Président du Tribunal de Commerce;
E. SIEGFRIED, Négociant;
LEMAITRE, Architecte, Maire de Sainte-Adresse;
E. GAGU, Architecte;
JOLY, Entrepreneur;
A. GODARD, Entrepreneur;
VINCENT, Conseiller Municipal;
LANGER, dito;
LETELLIER-FERARD, Conseiller Municipal;
PRUDHOMME, dito;
AD. PERQUER, Propriétaire;
ED. LATHAM, Négociant;
TOUTAIN, Architecte;
TOUZET, Entrepreneur;
JOIN-BELLANGER, Mécanicien;
M. WIDMER, Ingénieur des Ponts et Chaussées;
CH. QUIN, Membre de la Société Havraise d'Etudes diverses.

MEMBRES DE LA 3me SOUS-COMMISSION
(Alimentation publique)

MM. Dr LAUNAY, Directeur du Bureau Municipal d'Hygiène, *Président;*
SAUCLIÈRES, Chef dito dito, *Secrétaire;*
FAUVEL, Docteur-Médecin, Conseiller Municipal;
OFFRET, Professeur de Physique au Lycée;
FÉVRIER, Chimiste de la Douane;
LEBRETON, Industriel;
LEBRETON-DESHAYES, Maire de Graville-Sainte-Honorine;
F. MALLET, Président de la Chambre de Commerce;
HALLAURE, Maire de Bléville;
LEFEBVRE, Vétérinaire;
GIBERT, Docteur-Médecin;
VIGAN, Vétérinaire.

MEMBRES DE LA 4me SOUS-COMMISSION
(Assistance publique)

MM. FICQUET, Adjoint, *Président;*
LAPLANCHE, Directeur de l'Hospice, *Secrétaire;*
BÉNARD, Membre du Bureau de Bienfaisance;
GUERRAND, Conseiller Général;
SIMON, Eug., Secrétaire du Bureau de Bienfaisance;
LEMERCIER, Docteur-Médecin;
GIBERT, dito.

Commission d'étude de l'assainissement du Havre

RAPPORT GÉNÉRAL

La Commission d'étude de l'assainissement du Havre, instituée par M. le Maire, le 1er Mars 1882, après s'être divisée en quatre sous-commissions, pour l'examen approfondi des diverses branches de l'importante question qui lui était soumise, a tenu quatre séances générales dans lesquelles elle a formulé un certain nombre de vœux. Le présent rapport a pour objet d'exposer et de justifier les conclusions de la Commission.

Insalubrité de la ville du Havre

La ville du Havre a-t-elle besoin d'être assainie ?

L'insalubrité relative de notre cité a été établie dans le discours prononcé par M. le Maire au cours de la première séance de la Commission. La statistique de mortalité citée dans ce discours ayant été contestée, il a paru utile de la vérifier à nouveau. Un des membres de la Commission, M. Eugène Simon, secrétaire du Bureau de Bienfaisance, s'est livré à ce sujet à un travail consciencieux et est arrivé à des chiffres qui paraissent indiscutables. Du rapport de M. Simon, il résulte que la statistique de la mortalité au Havre, pendant les vingt-cinq dernières années (1870 et 1871 exceptés), est la suivante :

ANNÉES	POPULATION moyenne	PROPORTION DES DÉCÈS par 1,000 habitants	
1861 à 1865	74.562 h.	32.86	Moyenne 32.12
1866 » 1869	77.881 »	34.73	
1872 » 1875	88.971 »	32.30	
1876 » 1880	98.788 »	29.16	
1881	105.868 »	30.11	

Pendant la même période, la mortalité dans les principales villes de France a été la suivante :

VILLES	Moyenne générale de mortalité par 1,000 habitants de 1861 à 1880 inclusivement (années 1870 et 1871 exceptées)	Moyenne de mortalité en 1881 par 1,000 habitants	Population d'après le recensement de 1881
Toulouse...	23.94	24.56	140.289
Bordeaux...	24.18	24.99	221.305
Paris.......	24.29	25.49	2.239.000
Nantes.....	25.10	22.88	124.319
Nancy......	25.40	24.21	73.225
Lille.......	28.96	27.15	178.144
Lyon.......	»	24.99	372 903
Marseille..	29.36	27.18	360.099
Rouen......	32.74	32.54	105.906

En 1881, Bruxelles, qui compte 407,034 âmes, a eu une mortalité de 23,44, et Anvers, qui a une population de 185,480 habitants, une mortalité de 22,59 par 1,000 habitants. Nous avons volontairement laissé de côté dans cette comparaison les grandes villes des autres pays dans lesquels les modes de dénombrement et de constatation des décès diffèrent quelque peu des errements suivis en France et en Belgique.

Si l'on consulte le nombre de décès, par suite de maladies miasmatiques ou tuberculeuses dominantes, on reconnaît qu'en 1881, le Havre est à la tête de toutes les villes précitées pour les décès consécutifs à la variole et à la diphtérie, qu'il vient en quatrième ligne, pour les décès dus à la phthisie pulmonaire, et qu'il n'est inférieur à la moyenne que pour les décès occasionnés par la fièvre typhoïde.

M. le Maire avait donc pleinement raison de constater que le Havre occupe un rang fâcheux au point de vue de la mortalité.

Or, la mortalité et l'insalubrité d'une ville sont en corrélation immédiate. Tous les médecins sont d'accord : les endémies diphtériques et typhiques croissent en intensité, proportionnellement à l'insalubrité du milieu. On constate le même fait pour la phthisie pulmonaire; ainsi, au Havre, les décès dus à la tuberculose sont, *toutes proportions gardées*, beaucoup plus nombreux dans le quartier Notre-

Dame que dans d'autres quartiers également habités par des familles pauvres, mais qui se trouvent dans des conditions hygiéniques plus satisfaisantes.

De dépouillements faits sous la direction de M. le docteur Gibert, il résulte que, pendant la période de dix années qui s'est écoulée de 1869 à 1878, inclusivement, la moyenne annuelle de la mortalité par décès consécutifs à la phthisie a été la suivante dans les différents quartiers de la Ville.

Noms des Quartiers	Nombre d'habitants	Nombre total de décès par phthisie pendant les dix années	Proportion *annuelle* de décès dus à la phthisie, rapportée à 10,000 habitants
Notre-Dame...	18.092	1.291	71
St-François...	8.833	454	51
St-Nicolas....	4.062	207	50
St-Michel.....	15.413	778	50
Ste-Marie.....	22.021	1.082	49
St-Vincent....	9.492	448	47

N'est-il pas évident aussi que l'insalubrité des demeures d'un trop grand nombre d'ouvriers, explique la fréquentation des cabarets et est ainsi la cause indirecte du grand nombre de victimes que fait l'alcoolisme?

Il est établi, d'ailleurs par de nombreux exemples, que les mesures prises dans l'intérêt de la salubrité publique ont une efficacité certaine, et presque immédiate. On peut citer ce qui s'est passé à cet égard à Bruxelles, à Berlin et dans maintes villes d'Angleterre. Le cas le plus remarquable est celui de la ville anglaise de Croydon, dans laquelle, à la suite de travaux d'assainissement, la mortalité est tombée de 34 à 18 pour 1000 (1). Il n'est donc pas douteux que l'amélioration des conditions hygiéniques du Havre ne permette de réaliser chaque année l'économie de plusieurs centaines de vies humaines.

Rôle de la Commission

Toutes les améliorations se heurtent, malheureusement, à certaines difficultés. La première est la question de dépense. La Commission a cru devoir écarter cette préoccupation. D'une part, les éléments d'appréciation lui faisaient défaut. Elle a considéré d'autre part, qu'elle était exclusivement une Commission consultative. C'est à l'Administration Municipale, qu'incombera le soin de coordonner les améliorations qui lui auront été signalées, ainsi que celui de faire dresser les plans et les devis, et c'est au Conseil Municipal qu'il appartiendra, s'il adopte les propositions de la Commission, de déterminer les voies et moyens propres à en assurer l'exécution.

---

(1) « Par l'application générale des principes de l'hygiène, dit » M. Ad. Smith dans une lettre qu'il adressait, ces jours derniers, au » journal « le Temps, » on peut obtenir une notable réduction du nombre » des phthisiques et des maladies des voies respiratoires. Cet espoir est » maintenant universellement partagé par les hygiénistes et ce sont là » des faits sur lesquels on ne peut trop insister. »

Les difficultés légales ou administratives ont été également laissées de côté. Les pouvoirs des administrations municipales, en matière de salubrité, sont définis dans les lois des 14 Décembre 1789, 16-24 Août 1790, et dans l'arrêté du gouvernement du 12 Messidor an VIII ; ils sont très étendus. Le décret du 26 Mars 1852, sur les rues de Paris a été déclaré applicable à la Ville du Havre, par un décret en date du 18 Mai 1867. Il donne à la municipalité de grandes facilités pour les acquisitions d'immeubles que nécessite le percement de nouvelles rues à travers des terrains bâtis.

En dernier lieu, le Conseil Municipal a la ressource de solliciter du pouvoir législatif, l'établissement des taxes qui lui paraîtraient nécessaires en vue de l'assainissement de la ville.

La Commission a enfin admis que l'Administration municipale n'hésiterait pas à augmenter et à organiser le personnel de la police, de manière à assurer l'observation des réglements actuels ou de ceux qui pourraient être édictés. La meilleure réglementation est en effet stérile, si elle n'est pas strictement appliquée.

Ces réserves nous ont paru nécessaires pour bien définir le rôle de la Commission et l'esprit dans lequel elle s'était placée dans l'accomplissement de sa tâche. Nous aborderons sans autre préambule le détail de ses travaux.

Conformément au programme tracé par M. le Maire, la Commission s'est occupée successivement : de la voirie — des habitations — de l'alimentation publique — et de l'assistance publique.

CHAPITRE Ier

VOIRIE

Situation topographique et géologique de la ville du Havre

La ville du Havre peut être divisée en trois parties au double point de vue topographique et géologique : *la côte d'Ingouville — le versant de la côte — la plaine.*

La côte est un plateau situé à 100 mètres en moyenne au dessus du niveau de la mer. Le sol est formé par une couche mince d'argile jaunâtre qui repose sur des argiles rouges, mélangées de cailloux siliceux. A une profondeur variant suivant les points de 10 à 25 mètres, on trouve le calcaire marneux avec lits de silex noirs ou blonds qu'il est facile d'apercevoir à nu dans les falaises de la Hève. L'ensemble de ces formations géologiques constitue un sol parfait au point de vue de l'hygiène par sa composition minéralogique, le draînage naturel des eaux de pluies et l'absence de tout niveau d'eau. Une puissante végétation contribue à assurer la salubrité de cette portion de la ville dans laquelle la densité de la population est d'ailleurs, relativement faible.

La partie supérieure du *versant* sur les deux tiers environ de la hauteur est formée de terrains d'éboulis, composés des argiles et limons du plateau, que l'on rencontre pèle-mêle avec les calcaires du terrain crétacé. A partir de l'altitude de 25 à 35 mètres, jusqu'au pied du coteau, existe un dépôt constant d'une terre argilo-sableuse, fort peu perméable, connue sous le nom d'argilette. Cette couche présente une inclinaison générale vers le Nord-Est et donne naissance à un certain nombre de sources (sources des Brindes, des Quatre-Chemins, de la rue aux Cailloux.) La forte pente dont on dispose, sur toute l'étendue du versant, en rend généralement l'assainissement facile.

La formation de la *plaine* qui fut le berceau primitif du Havre, a été maintes fois décrite. A une époque récente, au point de vue géologique, des bancs de galets ont été apportés par le courant Nord venant d'Antifer et se sont déposés en éventail vers le Sud et l'Est à partir de l'échancrure méridionale de la vallée de Ste-Adresse. Cet apport de galets continuant, il s'est formé, sur l'emplacement occupé aujourd'hui par la rue Augustin-Normand, un cordon littoral qui a été peu à peu retroussé, par la mer, vers l'Est (1).

---

(1) Le même phénomène se produit encore à la pointe du Hoc qui s'engraisse constamment et refoule de plus en plus, l'embouchure de la Lézarde.

Grâce à l'abri de ces bancs de galet, s'est formée une alluvion composée de sédiments argileux très fins apportés par la mer. En certains points, l'alluvion a enveloppé des végétaux d'eau douce et donné naissance à des bancs de tourbe que l'on rencontre à des niveaux très variables. La plaine a été, en effet, pendant longtemps, sillonnée par de nombreuses rigoles alimentées par des sources, aujourd'hui captées et dont quelques-unes ont produit les criques sur l'emplacement desquelles ont été construits, plus tard, les bassins du Roi et de la Barre. Dans presque toute l'étendue de la Ville, on trouve l'eau à 1 mètre ou 1 mètre 50 au plus, en contre-bas du sol. Tel est le terrain d'origine palustre récente sur lequel s'étend la plus grande partie de l'agglomération havraise.

Il faut ajouter que l'homme n'a même pas donné à la nature le temps de terminer son œuvre. Dès que le périmètre a été protégé du côté Sud par les quais du port et les digues de l'Eure, la Ville s'est construite et s'est agrandie sans que l'on ait paru se préoccuper du niveau du sol par rapport à celui que peut atteindre la mer. A l'exception du boulevard de Strasbourg dont la construction date de vingt ans à peine, toute la partie de la ville bornée :

Au Nord, par les rues Frédéric-Bellanger, d'Etretat, Joinville, aux Dames, Hélène, Massillon et Demidoff ;

A l'Est, par la limite de la commune de Graville-Ste-Honorine ;

Au Sud, par les rues latérales aux bassins et à l'avant-port;

Et à l'Ouest par le boulevard François-Ier et la rue Guillemard,

Se trouve au-dessous du niveau des pleines mers de vive eau d'équinoxe.

Description sommaire du réseau actuel d'égouts

Il ressort, de l'aperçu qui précède, que c'est surtout la Ville basse qui nécessite des travaux d'assainissement. Pendant longtemps, toutes les tentatives d'amélioration ont été paralysées par l'existence des fortifications.

Les ruisseaux déversaient purement et simplement les eaux pluviales, ménagères et autres dans le premier fossé de la place. Celui-ci se vidait à marée basse dans le chenal du port, en passant sous la jetée du Nord, près de la tour François-Ier. Il n'est pas besoin d'insister sur l'importance de l'amélioration qui fut réalisée le jour où l'on put déraser les fortifications, combler les fossés et substituer au récipient fangeux des eaux de la Ville, un égout collecteur voûté et une série d'égouts secondaires venant chercher les eaux jusqu'aux carrefours des rues principales. Depuis vingt ans, ce travail s'est continué dans la proportion des ressources disponibles.

Il existe aujourd'hui, au Havre, trois réseaux d'égouts indépendants les uns des autres.

Le premier est celui du quartier Saint-François; il dessert tout l'îlot compris entre les bassins du Commerce, du Roi et de la Barre, et l'avant-port. Le collecteur part du quai Lamblardie, vis-à-vis la rue Chevalier, suit le quai Casimir-Delavigne et débouche dans l'avant-port, près de l'écluse de la Barre. La cote du radier, à l'extrémité aval, est de (4,28), soit 3 mètres 87 au-dessous du niveau des pleines mers de vive eau d'équinoxe.

Le second réseau s'étend sous les quartiers de Notre-Dame, de St-Joseph, de l'Hôtel-de-Ville, de St-Michel (partie Est), de Sainte-Marie et de St-Nicolas de l'Eure. La faible altitude du sol de la plaine du Havre a obligé de diviser la longueur du collecteur en deux sections, dont l'une a sa pente vers l'Est et le Sud et débouche dans l'anse de l'Eure; et l'autre déverse ses eaux vers l'Ouest, à l'extrémité du boulevard de Strasbourg. Le point de partage des eaux est à la hauteur de la rue Marie-Thérèse.

La pente du collecteur est de $0^{m}001$ par mètre dans la partie Ouest et de $0^{m}00085$ dans la partie Est.

Les seuils des éclusettes placées aux deux extrémités sont respectivement arasées aux cotes (3,98) et (3,51) au-dessus du zéro des cartes marines.

L'écoulement des eaux d'égout ne peut, en conséquence, avoir lieu que pendant quatre à cinq heures par marée.

Le troisième réseau comprend deux égouts qui règnent, d'une part, sous les rues de l'Alma, Saint-Vincent-de-Paul et des Gobelins; d'autre part, sous les rues Frédéric-Bellanger, d'Etretat, Faure, des Pénitents et de Montivilliers. Ces égouts se déversent dans un collecteur qui débouche librement sur le rivage, à l'extrémité de la rue Frédéric-Bellanger et dans lequel les eaux de la mer refluent à chaque marée.

En résumé, l'ensemble des égouts présente actuellement un développement de 26 kilomètres, tandis que la longueur totale des voies publiques est de 98 kilomètres.

Quant aux sections transversales, elles sont très variables. Les types adoptés jusqu'à ce jour varient depuis 0m70 de hauteur sur 0m60 de largeur, jusqu'à 2 mètres de hauteur sur 2 mètres de largeur. Ces dernières dimensions s'appliquent au grand collecteur du deuxième réseau. Le type le plus général mesure 1m20 de haut sur 0m80 de large.

Nécessité de l'extension des égouts

L'extension des réseaux d'égout, *d'après un plan d'ensemble convenablement étudié*, a paru de prime abord à la Commission la première mesure à prendre pour assurer l'assainissement de la Ville. Mais les conditions d'établissement de ces égouts, et au besoin les modifications à apporter à ceux qui existent, dépendent essentiellement du rôle que l'on veut assigner aux égouts, des fonctions qu'on juge convenable de leur donner.

Examen des fonctions que doivent remplir les égouts

Les égouts doivent-ils être exclusivement chargés d'évacuer les eaux pluviales ou autres qui coulent à la surface des voies publiques, avec les débris de toutes sortes que les eaux entraînent naturellement avec elles? Doivent-ils recevoir, en outre, les eaux et les résidus provenant des habitations, c'est-à-dire les eaux pluviales coulant des toitures ou tombant dans les cours, les eaux ménagères, et enfin les produits liquides et solides des water-closet avec les eaux de lavage qui les accompagnent? Faut-il, au contraire, organiser pour ces deux dernières catégories de résidus une canalisation spéciale qui n'ait aucun point de contact avec l'extérieur?

Ainsi que l'a rappelé M. le Maire, dans son discours du 1er Mars, en Angleterre, la question est résolue : « *Les égouts doivent servir à évacuer tout ce qui est susceptible d'être entraîné par les eaux.* »

Sur le continent, en France notamment, l'application de ce principe est encore matière à contestation. Il ne peut entrer dans le cadre de ce rapport de reproduire tous les arguments qui ont été fournis pour ou contre le système du « tout à l'égout. » Il paraît cependant utile de résumer, aussi brièvement que possible, les principaux éléments de la question.

Plusieurs points sont acquis à la discussion.

Evacuation des eaux pluviales et ménagères

On est unanime à reconnaître, non-seulement que les égouts doivent recevoir les eaux pluviales de la rue avec toutes les souillures que ces eaux entraînent naturellement, mais encore que l'on peut y projeter toutes les matières insalubres ou non qui se trouvent sur la voie publique et que le flot de l'égout est capable de charrier. Les seuls détritus laissés à la surface du sol des rues sont ceux qui risqueraient d'encombrer l'égout, et c'est le service du nettoiement qui est chargé d'en débarrasser la Ville. Dans cette catégorie, on devrait peut-être placer les boues provenant du balayage des chaussées macadamisées, lesquelles sont très riches en sables siliceux. Quand les égouts présentent peu de pente, ces sables se déposent sur le radier et nuisent à l'écoulement des autres détritus que l'eau tient en suspension. On est contraint alors, pour s'en débarrasser, de recourir à des moyens artificiels plus ou moins coûteux.

Les eaux pluviales et les eaux ménagères (eaux de toilette, eaux de cuisine, eaux de lavage du linge) provenant des maisons sont aussi admises d'un commun accord dans les égouts. On y voit le grand avantage d'éviter l'écoulement de ces dernières dans les ruisseaux qui ne tardent pas à être infectés par les débris qu'arrêtent toujours les irrégularités des pavés. L'écoulement à l'égout des eaux ménagères est depuis trente ans obligatoire à Paris, pour toute construction nouvelle dans une rue pourvue d'égout. La même obligation existe dans la plupart des grandes villes de France.

Evacuation des matières alvines

Un troisième principe pratiqué depuis longtemps déjà en Angleterre a été dernièrement posé à la suite des discussions auxquelles a donné lieu à Paris et ailleurs le système du « tout à l'égout. » Il se formule ainsi : « *Les matières alvines ne doivent pas » séjourner dans les maisons; elles doivent en sortir » dans le plus bref délai.* »

Fosses fixes

Ce principe condamne tout d'abord les fosses fixes, que l'on est unanime à reconnaître comme infectant d'une façon continue le sol, l'eau souterraine et l'atmosphère de la maison et de la ville. Son application entraînera la suppression de la vidange, qu'on peut bien appeler l'infection à l'état de paroxysme. M. Brouardel constate, en effet, que les diverses tentatives faites pour atténuer le développement extérieur des gaz qui accompagnent forcément cette opération, ont en grande partie échoué, soit à cause des frais qu'elles nécessitent aux entrepreneurs, soit par suite de la négligence des ouvriers.

Fosses mobiles

La fosse mobile ou tinette, ne permet pas non plus, de satisfaire à la règle. Pour être mobiles, les tinettes n'en sont pas moins des fosses. Elles ne ferment jamais bien, sont sujettes aux trop pleins. Elles infectent l'air des caves et des maisons, exigent de fréquents enlèvements. Elles laissent enfin subsister les dépotoirs qui constituent, autour des villes, une véritable ceinture d'établissements incommodes et insalubres au premier chef. Ce système n'est admissible que dans les petites localités.

Les tinettes filtres ou diviseurs, se rapprochent davantage de la condition ci-dessus posée. Elles ralentissent cependant encore le cours des matières et de l'eau, et constituent une complication au moins gênante, quand elle n'est pas l'occasion d'accidents dangereux. Ces appareils diluent d'ailleurs au lieu de diviser, et laissent écouler, à proprement parler, à l'égout, la totalité des matières. En supposant même qu'aucune fermentation putride ne se produise pendant ce travail de dilution, il est difficile d'admettre que l'écoulement immédiat à l'égout ne soit pas préférable. Appareils diviseurs

« On se demande, dit M. Freycinet, dans ses » principes de l'assainissement des villes, à quoi » sert d'introduire, dans le mécanisme de l'expulsion, » une semblable complication, qui, sans préserver » efficacement les galeries de l'infection qu'on redoute pour elles, entretient néanmoins, au bas du » tuyau de chute, une source de mauvaises odeurs ; » car si la quantité de matières retenues par le filtre » est insignifiante, par rapport à celle qui passe, elle

» suffit cependant pour engendrer des émanations considérables. »

La vidangeuse automatique Mouras, qui opère de la même façon que les tinettes filtres laisse échapper un liquide trouble et coloré qui possède une forte odeur de sulphydrate d'ammoniaque.

Système tubulaire

L'établissement d'une canalisation spéciale et absolument étanche, qui, avec le secours des machines d'aspiration ou de refoulement, évacuerait d'une façon régulière les matières excrémentielles en supprimant toute communication avec l'atmosphère de la ville, serait certainement la solution la plus complète de la question. C'est le vœu qu'a émis en 1881, la Commission d'assainissement de Paris. Mais on ne peut s'empêcher de reconnaître que cette solution est bien difficilement réalisable dans la pratique. Elle nécessite tout d'abord le maintien dans la maison d'un récipient où viennent tomber les produits des divers water-closet, et qui ne peut être mis en communication avec la canalisation que par deux procédés différents. Le premier consiste à avoir recours à l'intervention d'un ouvrier chargé de manœuvrer un robinet à intervalles fixes, toutes les vingt-quatre heures, par exemple. On voit de suite quelle armée d'ouvriers et quelle dépense permanente, pour les propriétaires, exigerait ce service dans une ville comme le Havre. L'obstruction des robinets serait d'autre part bien difficile à empêcher, même avec l'emploi de filtres, leur nettoyage serait plus difficile encore. Le second procédé repose sur l'application d'appareils automatiques, comme ceux qu'à imaginés M. Berlier. Mais on sait que les appareils automatiques sont sujets à caution. Ils fonctionnent généralement d'une façon satisfaisante au début, mais ne tardent pas à se détraquer. A ce point de vue, le clapet en caoutchouc dont est pourvu le flotteur de l'appareil évacuateur de M. Berlier est de nature à inspirer bien des craintes. Le procédé a d'ailleurs été soumis à Paris, à une expérience suivie. Il résulte de cette expérience que pour obtenir une marche régulière, il est nécessaire que les matières soient diluées dans une très forte proportion d'eau.

Mais c'est surtout la canalisation en elle-même qui présente de graves inconvénients. L'encrassement des conduites dans un avenir plus ou moins long, paraît chose fatale. M. Durand Claye cite l'exemple de la conduite de 9,300 mètres de longueur qui fait communiquer le dépotoir municipal de Paris avec la voirie de Bondy. Bien que cette conduite soit formée de tuyaux de 0m30, qu'elle ne présente ni branchements ni coudes, malgré la précaution que l'on prend de la laver chaque jour à la fin du service, en y refoulant de l'eau pure, on constate, d'année en année, un encrassement qui se manifeste par la différence toujours croissante entre le travail effectif des machines de refoulement et la force qu'elles devraient théoriquement avoir à développer. Mais, en outre de cet encrassement lent et imperceptible, une obstruction peut se produire par une cause accidentelle, en un point de la canalisation. On est vraiment effrayé des conséquences qu'entraînerait un pareil accident. Quand une conduite de distribution d'eau vient à se rompre, on en est quitte pour intercepter momentanément l'écoulement dans une partie du réseau ; et le niveau de l'eau monte simplement dans le réservoir. Mais, dans le cas de la canalisation spéciale qui nous occupe, que deviendront les quartiers dont la communication avec le tuyau collecteur viendrait à être interceptée ? Les appareils automatiques ou autres cesseraient de fonctionner, et toute une série de maisons se trouverait dans l'empêchement absolu d'évacuer ses vidanges. Inutile d'insister d'ailleurs sur les difficultés et les inconvénients que présenteraient les recherches du point où l'obstruction s'est produite, et la désobstruction d'une canalisation remplie des matières dont il s'agit.

La topographie des villes qui, comme Croydon, en Angleterre, et Memphis, aux Etats-Unis, ont adopté le système tubulaire, est tout-à-fait différente de celle de la plaine du Havre. Grâce aux pentes que présentent les rues de ces villes, on a pu laisser aux ruisseaux le soin d'écouler les eaux pluviales avec les détritus que ces eaux sont capables d'entraîner, et l'on a pu ainsi ne se préoccuper que de l'évacuation des vidanges. Le relief du terrain a encore facilité la solution de la question. D'après les renseignements recueillis par M. Lavoinne, les deux tuyaux collecteurs qui reçoivent les vidanges des deux versants sur lesquels est bâtie la ville de Memphis, ont une pente longitudinale qui ne descend pas au-dessous de 0m0017. La pente minima des conduites latérales est également de 0m005. Malgré ces conditions avantageuses, malgré un système de chasses d'eau ingénieusement organisé, il s'est produit dans les conduites latérales, pendant la première année qui a suivi l'établissement du réseau, 21 cas d'obstruction. Il paraît qu'on a pu y porter promptement remède. En sera-t-il de même par la suite? En serait-il de même surtout au Havre, où la pente des conduites serait, dans toute la ville basse, inférieure à celles qui ont été adoptées à Memphis? C'est ce dont il est permis de douter. Dans tous les cas, l'établissement d'une canalisation spéciale pour l'évacuation des vidanges ne dispenserait pas de construire des égouts pour l'écoulement des eaux pluviales. Ce sytème conduirait donc forcément à une dépense supplémentaire importante.

Système du « tout à l'égout. »

Reste le système du « *tout à l'égout.* » Le simple bon sens suffit pour montrer qu'il ne peut être plus dangereux que l'état de choses actuelles. « La vi-
» dange intégrale et exclusive à l'égout, dit, dans un
» récent article sur la question, M. le Docteur Ar-
» nould, professeur d'hygiène à la Faculté de mé-
» décine de Lille, ne peut exposer les citadins, plus
» que les systèmes qui admettent la persistance des
» excréments dans les maisons, qui tolèrent des

» cuvettes salies, des débordements de matières, des » transports odieux, des fabriques de poudrette et » de sels ammoniacaux, sans préjudice de la con- » servation forcée des égouts eux-mêmes pas beau- » coup moins redoutables que s'ils contenaient » l'intégralité des excrétions. Le *tout à l'égout* con- » centre les substances à émanations, en rétrécit le » champ ; les autres systèmes les éparpillent et les » étalent. Il est impossible que ceci soit moins dan- » gereux que cela. »

La Commission a pensé qu'on pourrait aller plus loin, et que, sous la réserve de certaines conditions, le tout à l'égout constitue, suivant les expressions de M. le Docteur H. Guéneau de Mussy, « le système le plus voisin de la perfection. » Les conditions à l'accomplissement desquelles la Commission a expressément subordonné son vote, sont les suivantes :

1° Une pente suffisante pour les égouts ;

2° Une abondante provision d'eau ;

3° Un écoulement constant.

La Commission a, en outre, insisté pour que les égouts soient soumis à une ventilation parfaite.

Il est facile d'établir par des *faits* que, si ces diverses conditions sont remplies, la projection des matières alvines à l'égout ne présente pas les inconvénients que redoutent les adversaires de ce procédé d'évacuation. Les objections principales faites au système sont au nombre de deux. La première est basée sur les *odeurs* que son application occasionnerait dans les rues. Si cette objection était fondée, elle devrait suffire pour faire rejeter le système, car lors même qu'il serait démontré que ces odeurs ne sont pas insalubres, il est certain qu'elles sont inadmissibles dans une grande ville. Mais il est prouvé qu'il ne se développe pas d'odeur dans les égouts bien ventilés et parcourus par un liquide constamment en mouvement. Nous pouvons citer, à cet égard, les affirmations les plus catégoriques. « Les » liquides d'égouts, même chargés de matières fé- » cales, » dit M. de Freycinet, après avoir visité en détail les égouts de Londres, qui, depuis bien des années, servent à l'évacuation intégrale des vidanges, « n'ont pas par eux-mêmes d'odeurs désa- » gréables, quand ils sont, bien entendu, étendus » de la quantité d'eau que nous avons indiquée » comme le contingent obligé des villes modernes, » soit au, minimum, 100 litres par habitant et par » jour..... Les matières d'égout fraîches, on ne sau- » rait trop le répéter, parce que le préjugé contraire » est encore répandu sur le continent, n'ont pas par » elles-mêmes d'odeur susceptible d'incommoder les » ouvriers et les habitants. »

« Partout où l'eau circule librement, » affirme M. Marié Davy, président de la société française d'hygiène, « l'odeur est sensiblement nulle que les » déjections s'y rendent ou non. »

« Des constatations ont été faites, » rapporte M. le docteur Arnould, « à Dantzig par M. Lissauer, » à Francfort par l'ingénieur Lindley, dans la partie » canalisée de Munich par M. Rozahegyi, de Buda- » Pesth ; on ne perçoit l'odeur des gaz de la putré- » faction, ni même aucune odeur soit aux bouches, » soit dans l'intérieur des canaux ventilés et sur- » tout abondamment irrigués. » Les différentes villes citées dans ce passage pratiquent le « tout à l'égout. »

« A Paris, dit M. Durand Claye, M. Belgrand, » dès 1871, et les Commissions qui ont inspecté à » diverses reprises et tout récemment encore, les » égouts n'ont trouvé aucune odeur spéciale dans » le collecteur, au point où il reçoit l'égout des » Invalides avec les matières excrémentielles de » 2,000 personnes. Depuis plusieurs mois enfin, » même avec les matières de vidanges fermentées, » mais diluées dans 100 fois leur volume d'eau d'é- » gout, nous envoyons une partie des produits des » citernes du dépotoir jusque dans la plaine de » Gennevilliers, et, quoi qu'il s'agisse de matières » tout différentes des vidanges fraîches, personne, » ni en route, ni au débouché, ne s'est aperçu de cette » transformation. »

Il serait superflu de justifier ces faits *a posteriori*, en recherchant les réactions chimiques qui peuvent se produire dans les eaux d'égout. Ils s'expliquent aisément par l'afflux de l'air extérieur qui substitue à la putréfaction que l'on pourrait craindre une oxydation incessante des matières et par l'existence dans les égouts d'un courant d'air principal qui est déterminé par le courant de l'eau et marche dans le même sens, c'est-à-dire de haut en bas.

Les odeurs que l'on constate parfois aux bouches de certains égouts proviennent d'un écoulement insuffisant ou d'une ventilation imparfaite, quand elles ne sont pas simplement dues au défaut de curage de la bouche et du branchement dans lesquels s'accumulent souvent et se putréfient les détritus provenant des ruisseaux ou de la voie publique.

La seconde objection contre le système du tout à l'égout est la facilité qu'il offrirait à la *propagation des maladies contagieuses.*

Ici encore nous laisserons de côté les discussions théoriques. Il n'est pas impossible, en effet, *a priori* que les égouts donnent lieu à des émanations dangereuses, tout en étant inodores. Peu importe aussi que l'air des égouts contienne moins de microbes que l'air des rues. Il faut attendre que les microbes contenus dans l'air aient été étudiés et discernés non pas seulement au point de vue de leur quantité, mais aussi au point de vue de leur qualité et de leur spécifité, pour que l'on puisse, à l'aide de cette seule donnée, déterminer si l'air des égouts contient en proportion plus ou moins grande des germes de maladies contagieuses. Nous nous bornerons, comme précédemment, à des *faits* que nous empruntons à M. le Docteur Arnould et à M. Durand Claye :

« La mortalité générale à Londres, qui était de » 25 pour 1,000 en 1840, s'est abaissée à 23 pour » 1,000 dans la période 1870-1879. La différence » n'est pas considérable, admettons même que la » vidange à l'égout n'y soit pour rien. Cependant, » on conviendra tout au moins que les égouts » n'ont rien compromis et n'ont pas empêché » d'autres mesures peut-être de produire un bon » effet. »

— « Dantzig, avant 1869, avait une mortalité » moyenne de 35,7 par 1,000 habitants. De 1872 à » 1879, après la mise en fonctionnement du sys» tème de vidanges à l'égout, cette moyenne est » descendue à 28,6 pour 1,000, malgré l'invasion » de la diphthérie et dans des circonstances telles » qu'il est impossible de ne pas être frappé de l'a» mélioration dans certains quartiers autrefois éton» namment mal partagés et présentant une mortalité » de 50 à 95 pour 1,000 »

« Bruxelles avait une mortalité moyenne de 27 » pour 1,000, qui s'est élevée à 31 pour 1,000 pen» dant la période 1865-71. Depuis que les égouts

» fonctionnent, la mortalité est tombée à 23 pour
» 1,000 (période 1872-1880). »

« A Berlin, où la transformation est en cours
» d'exécution et ne s'applique encore qu'aux 3/5 de
» la ville, l'amélioration se manifeste déjà. La mor-
» talité, qui était de 37,74 pour 1,000 de 1841 à
» 1850, de 37,33 de 1855 à 1860, de 38,9 en 1871,
» est descendue à 29,50 en 1880-81. »

Si, au lieu de se borner à la mortalité générale, on consulte les statistiques des mortalités typhoïdes, les résultats sont encore plus satisfaisants.

Les tableaux suivants donnent, d'après des renseignements recueillis sur les documents officiels, le nombre des décès par fièvres typhoïdes rapporté à 100,000 habitants à Londres et à Bruxelles pendant les dix ou quinze dernières années.

LONDRES

ANNÉES	Nombre de décès par fièvre typhoïde rapporté à 100,000 habitants	ANNÉES	Nombre de décès par fièvre typhoïde rapporté à 100,000 habitants
1869	33	1875	25
1870	30	1876	22
1871	27	1877	25
1872	25	1878	28
1873	27	1879	23
1874	26	Soit en moyenne.	26,45

BRUXELLES

ANNÉES	Nombre de décès par fièvre typhoïde rapporté à 100,000 habitants	ANNÉES	Nombre de décès par fièvre typhoïde rapporté à 100,000 habitants
1864	62	1873	49
1865	49	1874	78
1866	58	1875	37
1867	57	1876	46
1868	50	1877	27
1869	292	1878	36
1870	46	1879	40
1871	227	1880	36
1872	35		

Les années 1869 et 1871 ont été marquées à Bruxelles par des épidémies qui ont coïncidé avec l'exécution des travaux des collecteurs et la couverture de la Senne.

La mortalité typhoïde moyenne à *Dantzig* pendant les huit années 1864-1871, c'est-à-dire avant la canalisation, fut de 99 pour 100,000 habitants. A partir de 1872, c'est-à-dire depuis le fonctionnement des canaux, elle est devenue :

ANNÉES	Proportion de décès typhoïdes pour 100,000 habitants	ANNÉES	Proportion de décès typhoïdes pour 100,000 habitants
1872	70	1877	25
1873	40	1878	18
1874	50	1879	17
1875	32	1880	7, 4
1876	25		

A Hambourg même progression, la période récente de 1872 à 1874 donne dans les quartiers où les fosses ont été supprimées 26,8 décès typhoïdes sur 10,000 habitants, 32 dans les quartiers où la transformation est partielle, et 46 dans ceux où on a conservé les fosses.

A Francfort-sur-le-Mein, la transformation des conditions de l'hygiène publique n'est pas moins remarquable.

Le tableau suivant met en évidence l'influence qu'a eue dans cette ville, sur la santé publique, l'écoulement direct des water-closet à l'égotu :

ANNÉES	Nombre de Water-Closet avec écoulement à l'égout	Nombre de décès typhoïdes rapportés à 10,000 habitants	ANNÉES	Nombre de Water-Closet avec écoulement à l'égout	Nombre de décès typhoïdes rapportés à 10,000 habitants
1851-1853	0	86	1872	1.926	57
1854-1856	0	93	1873	4.085	63
1857-1859	0	91	1874	7.077	112
1860-1862	0	72	1875	11.054	43
1863-1865	0	47	1876	13.691	35
1866-1868	0	61	1877	16.048	16
1869	0	36	1878	18.151	23
1870	49	89	1879	19.931	28
1871	400	76			

Voici enfin l'extrait d'un tableau comparatif concernant un grand nombre de villes anglaises.

Nous nous bornons aux villes ayant plus de 10,000 habitants :

VILLES	Périodes de Comparaisons		Mortalité typhoïde annuelle par 10,000 habitants	
	avant les travaux	après les travaux	avant les travaux	après les travaux
Bristol..........	1847—51	1862—65	10	6.50
Leicester........	1845—51	1862—64	14.60	7.75
Merthyr-Tydvil....	1845—55	1862—65	21.33	8.66
Cheltenham.......	1845—57	1860—65	8	4.66
Cardiff..........	1847—54	1859—66	17.33	10.50
Carlisle.........	1845—53	1858—64	10	9.75
Macclesfield......	1845—52	1857—64	14.25	8.50
Newport.........	1845—49	1860—65	16.33	10.33
Douvres.........	1843—53	1857—65	14	9
Warwick........	1845—55	1859—64	19	9
Banburg.........	1845—53	1857—64	16	8.33

Ces chiffres se passent de commentaires; ils sont la meilleure preuve de l'inanité des craintes que manifestent les adversaires du « tout à l'égout. »

On a cité quelques exemples qui paraissent en contradiction avec ceux que nous venons d'énumérer ; mais lorsqu'on examine en détail ces cas particuliers, on reconnaît que, si le système de l'écoulement intégral à l'égout, a échoué c'est qu'une ou plusieurs des conditions essentielles qui doivent l'accompagner faisaient défaut (1).

(1) Dans son rapport sur l'assainissement de Paris, M. Brouardel cite

C'est ainsi qu'à Lyon on s'était borné à fermer une des parois des fosses fixes à l'aide d'une grande cloison percée de trous et communiquant avec l'égout par une galerie à faible pente. La paroi s'encrassait; les matières fermentaient et s'écoulaient mal ou peu; c'était le plus mauvais des systèmes diviseurs. Il n'est donc pas étonnant qu'il y ait eu des protestations contre ces dispositions vicieuses et que l'on ait préféré en revenir au système des tinettes.

En résumé, le vote émis par la Commission est parfaitement justifié par les faits. Il nous reste à montrer que, les conditions auxquelles il a été subordonné sont réalisables au Havre et qu'en adoptant le « tout à l'égout » la Commission n'a pas émis un vœu stérile.

1° *Pente des égouts,* — Les ingénieurs anglais » ont reconnu, dit M. de Freycinet, par des expérien- » ces multipliées, que, sous une pente de 2/10,000 » ou de 20 centimètres par kilomètre, les liquides » d'égout prennent une vitesse de 2|3 de mètre à la » seconde et qu'à cette vitesse les matières en sus- » pension, celles bien entendu qui entrent dans la » composition normale dese aux d'égout, ne forment » pas de dépôt dans les galeries. Au-dessous de cette » vitesse les dépôts commencent à se former. »

---

différents cas de fièvres typhoïdes qui ont été provoqués, par la *stagnation* de matières fécales dans des fosses ou dans des égouts. Il est à noter que dans ces divers cas, dès que la *circulation* a été retablie, le mal a disparu

Ces observations s'appliquent aux eaux d'égout chargées de vidanges. A Bruxelles, les collecteurs ont des pentes qui sont généralement de $0^{m}30$ seulement par kilomètre; à Berlin, $0^{m}36$ et $0^{m}50$; à Dantzig, $0^{m}42$ et $0^{m}67$. Ainsi que nous l'avons dit plus haut, les collecteurs du Havre ont une pente qui ne descend pas au-dessous de $0^{m}85$ par kilomètre; celle des égouts latéraux varie de $0^{m}24$ à 1 mètre par kilomètre. On se trouve donc, somme toute, dans de bonnes conditions pourvu que l'on s'abstienne de projeter dans les égouts les boues provenant du balayage des chaussées macadamisées.

Quant à la communication entre les tuyaux de chute des cabinets d'aisance et l'égout public, la Commission de salubrité instituée à Paris en 1881 par M. le Préfet de la Seine, a émis l'avis qu'elle devait être établie au moyen de tuyaux de $0^{m}20$ de diamètre présentant une pente minima de $0^{m}03$ par mètre depuis l'extrémité de la chute jusqu'à l'égout.

Le radier des égouts étant placé à 1 mètre 60 au minimum en contre-bas du sol, on voit que, dans toutes les maisons qui ne sont pas à plus de 50 mètres d'un égout, la pente de $0^{m}03$ pourra être réalisée. Or, il résulte, des renseignements fournis par M. l'architecte-voyer de la Ville, que le nombre des maisons du Havre, dont la distance à la voie publique excède 50 mètres, est très restreint. Les immeubles dans lesquels on sera obligé de tolérer des fosses fixes seront donc l'infime exception. Le nombre n'en pourra d'ailleurs que tendre encore à diminuer dans l'avenir, par suite de l'ouverture de nouvelles rues.

2° *Abondante provision d'eau.* — Ainsi que l'a rappelé M. le Maire dans son discours, la provision d'eau nécessaire pour assurer l'alimentation d'une ville dans des conditions satisfaisantes ne doit pas descendre au-dessous de 100 litres par habitant et par jour. Il faut donc au Havre au moins 11,000 mètres cubes d'eau par vingt-quatre heures. Or, la moyenne du débit quotidien des diverses sources affectées au service de la Ville est de 23,000 mètres. L'alimentation paraît donc en général assurée. Toutefois, il ressort des indications fournies par la Compagnie des Eaux que ce débit est sujet à de grandes variations. C'est ainsi qu'en 1859 il est tombé à 7,268 mètres cubes. Il sera donc nécessaire, surtout en vue de l'augmentation toujours croissante de la population du Havre, de capter de nouvelles sources.

La Commission a émis un vœu énergique pour que les habitants du Havre soient dotés d'une abondante provision d'eau.

La Ville devant entrer le 1er Mars 1884 en possession du service d'eau, il serait utile de mettre dès maintenant à l'étude la recherche et la captation de nouvelles sources en même temps que l'extension et l'amélioration du réseau des conduites de distribution.

Mais la principale ressource, au point de vue spécial du lavage des égouts, nous paraît être la mer. Actuellement déjà, tous les quinze jours, on profite des marées de vives eaux pour effectuer, au moment de la marée baissante, des chasses dans le principal collecteur au moyen de prises d'eau établies en arrière des quais des bassins du Commerce et Vauban. Chaque chasse dure environ quatre heures, et l'on peut évaluer à 30,000 mètres le volume d'eau introduit chaque fois dans l'égout. Nous pensons que ce procédé de nettoyage pourrait, moyennant quelques précautions, être étendu dans une certaine mesure sans compromettre les intérêts de la navigation, ni augmenter d'une façon fâcheuse l'intensité des courants que le remplissage des bassins occasionne dans l'avant-port et dans les écluses au moment de la marée montante. Il sera, toutefois, forcément limité au réseau d'égouts situé dans la partie basse de la ville. Pour les égouts placés sur le sommet ou sur le versant de la côte, il faudra avoir recours à des machines élévatoires qui puiseraient l'eau dans la mer à l'extérieur du port et la refouleraient dans un réservoir à construire au point culminant du réseau (1).

(1) La dépense annuelle d'une pareille installation serait sans doute moins élevée qu'on ne peut le craindre à première vue. M. de Freycinet signale dans son ouvrage qu'avec du charbon à 25 fr. la tonne on est arrivé en Angleterre à élever, moyennant le prix de 0f01, un mètre cube d'eau à 75 mètres de hauteur. Le prix du charbon ne dépassant pas 25 fr., le mètre cube d'eau élevé sur la côte à 100 mètres d'altitude ressortirait à 0f0133. L'élévation de 5,000 mètres cubes par vingt-quatre heures repré-

A l'aide de ce réservoir, il serait possible de pratiquer des lavages énergiques dans tous les égouts placés sur la déclivité ; on augmenterait aussi dans une forte proportion la quantité d'eau qui devra circuler dans le réseau de la ville basse.

3° *Ecoulement constant.* — Nous avons dit plus haut que, dans l'état actuel des choses, les collecteurs n'ont d'écoulement à la mer que pendant 10 heures environ sur 24. Pour obtenir un écoulement constant, il faut nécessairement recourir à des machines élévatoires. C'est la solution qui a été adoptée dans le même but pour les égouts de Londres. On sait aussi qu'à Paris et à Berlin on élève au moyen de pompes tout ou partie des eaux d'égout pour les envoyer sur des champs d'irrigation.

Il n'y a donc à ce point de vue aucune difficulté technique.

En ce qui concerne les égouts placés sur la déclivité de la côte, l'écoulement constant ne pourra sans doute pas être réalisé à la lettre, il exigerait ou un diamètre trop faible pour les égouts, ou une quantité d'eau trop considérable. Mais on pourra, croyons-nous, y suppléer d'une façon très suffisante en ayant recours à des siphons automatiques analogues à ceux qui ont été installés par le Colonel Waring, à Memphis, et qui permettent, avec un débit

---

senterait ainsi une dépense journalière de combustible de 66 fr. 50, soit 25,000 fr. environ par an, chiffre auquel il y aurait lieu d'ajouter les frais d'un personnel d'ailleurs peu nombreux.

relativement faible d'effectuer, par intermittences, tous les quarts d'heure, par exemple, des chasses puissantes dans les conduites.

Les trois mesures stipulées par la Commission comme la condition *sine quâ non* de son vote du « tout à l'égout » sont donc parfaitement réalisables.

Quant à la *ventilation*, si l'on suppose le réseau souterrain établi sur les bases rationnelles qui viennent d'être exposées, rien de plus facile que de ventiler largement les galeries. Il suffit de maintenir ouvertes les bouches et les autres orifices donnant accès aux égouts.

L'expérience a montré que ce moyen est le seul vraiment efficace; les divers procédés qui ont pour objet de provoquer un tirage artificiel coûtent cher et n'ont d'effet que dans un rayon très limité.

Dispositions à donner aux égouts

La destination des égouts étant déterminée en principe, la Commission n'a plus eu qu'à spécifier certaines dispositions qui lui ont paru être la conséquence naturelle du système adopté.

Tout d'abord, elle a émis le vœu que des égouts soient établis *à bref délai*, sous toutes les rues qui en sont actuellement dépourvues. Il est évident que l'importante amélioration qui résultera de la suppression des fosses fixes ou mobiles ne pourra être réalisée qu'au fur et à mesure que les rues seront munies d'égout.

Mais dès qu'un égout sera en mesure de fonctionner, l'obligation devra être imposée à tout propriétaire d'une maison construite sur un terrain bordant la rue, de mettre dans un délai déterminé sa maison en communication directe avec l'égout.

En ce qui concerne la section transversale à donner aux galeries, deux principes sont en présence. En Angleterre on admet généralement pour les égouts secondaires des dimensions restreintes. C'est ainsi qu'à Londres un tiers seulement de ces égouts est en maçonnerie et les deux autres tiers en poterie. Les premiers sont ordinairement à section ovoïde et ont des dimensions comprises entre 0^m60 sur 0^m90 et 0^m75 sur 1^m10. Les conduites en poterie ont un diamètre variable de 15 à 45 centimètres. A Paris, au contraire, on ne fait pas d'égout de moins de 1^m60 de haut sur 1 mètre de large.

La Commission a pensé qu'il était nécessaire de donner aux nouveaux égouts à construire au Havre des dimensions suffisantes pour permettre à des ouvriers de pénétrer dans les galeries et de nettoyer souvent les parois sur lesquelles, par suite des fréquentes variations dans le niveau de l'eau, se dépose une certaine quantité de détritus. Elle attache une grande importance à ce dernier travail, aussi a-t-elle exprimé l'avis qu'il conviendra d'établir, autant que possible, les égouts restant à construire avec une hauteur de 1^m50. Exception toutefois a été faite pour les égouts qui seraient placés sur le versant de la côte. Quant aux branchements entre les égouts et les maisons, ils devront être établis au moyen de conduites en poterie de grès vernissé.

Etablissement de drains dans la partie supérieure des égouts

Il est de règle que les égouts doivent être disposés de façon à ne pas permettre aux liquides qu'ils contiennent de s'infiltrer dans les terrains environnants. M. de Freycinet est très affirmatif sur ce point.
» On ne doit *jamais*, dit-il, rendre volontairement
» perméable la couronne des égouts ou la partie
» supérieure des parois latérales, en vue de faire
» concourir ces égouts à l'assèchement du sous-sol.
» On a coutume, dans beaucoup de localités, de
» ménager dans la maçonnerie des interstices ou
» des orifices spéciaux à travers lesquels les eaux
» souterraines pénètrent dans les galeries ; celles-
» ci agissent alors à la manière des drains agricoles.
» Mais cette pratique offre de grands inconvénients
» à moins que par suite de circonstances particulières
» les égouts ne risquent jamais de s'engorger. »

La Commission a pensé, sans doute, que cette éventualité n'était pas à craindre en raison de la grande hauteur adoptée, et qu'il y avait dés lors lieu d'utiliser les égouts pour l'assainissement du sol. Aussi a-t-elle demandé que les égouts soient pourvus de drains à *leur partie supérieure* et que le sol des rues soit drainé jusqu'aux égouts.

Evacuation à la mer des eaux d'égout

Si la situation du Havre au bord de la mer crée à certains égards un obstacle à l'assainissement de la ville, elle lui offre, par contre, un grand avantage au point de vue de l'évacuation définitive de ses rebuts de toutes sortes. On n'a pas en effet à se préoccuper ici des mesures à prendre pour que les déjections de la ville ne viennent pas contaminer les eaux d'une rivière, ni de champs d'irrigation à installer pour l'absorption des eaux d'égout. Sous la réserve de quelques précautions on peut tout envoyer à la mer. L'écoulement du collecteur Est du côté de la Seine n'a présenté jusqu'à ce jour aucun inconvénient ; on pourra donc le maintenir et augmenter même le débit des eaux qui s'évacuent de ce côté. Au contraire, la Commission a été d'avis qu'il y avait lieu de supprimer le deversement des égouts sur la plage Ouest. Il est à craindre en effet que les courants ne ramènent les matières en suspension devant la plage des bains et jusque dans le port. Les eaux du collecteur du boulevard de Strasbourg devront en conséquence être refoulées dans le collecteur Est ou rejetées jusqu'au delà de la pointe de la Hève.

Suppression des bétoires

Il existe dans l'étendue de la ville environ 550 puisards ou bétoires qui servent à l'écoulement des eaux ménagères. Les matières organiques s'y accumulent à l'abri de l'air et ne tardent pas à s'y putréfier. Les puisards finissent d'ailleurs à la longue par se colmater et les liquides refluent à l'extérieur Ce sont de véritables foyers d'infection. « Envoyer, » dit M. le professeur Bouchardat, des eaux altérées

» dans le sol, sans savoir ce qu'elles deviennent, c'est » absolument un acte du même ordre que celui de » décharger une arme dans l'obscurité, sans s'in- » quiéter si les projectiles tomberont à terre ou » atteindront un passant. »

La Commission a donc été unanime à demander la suppression des bétoires. Il conviendrait dès maintenant de rechercher s'il ne serait pas possible d'en restreindre le nombre ; dans tous les cas, elles ne devront pas survivre à l'établissement du réseau général des égouts.

Enlèvement des détritus de ménage

La construction des égouts sous les voies publiques en facilite dans une large mesure, le nettoyage et l'assainissement. Il y a cependant certaines mesures, indépendantes des égouts, à prendre pour assurer complètement la salubrité de la rue.

Les détritus solides dont chaque ménage à l'habitude de se débarrasser le matin, encombreraient les égouts s'ils y étaient projetés. L'usage s'est établi dans toutes les villes d'une certaine importance d'en opérer l'enlèvement au moyen de tombereaux qui parcourent les rues dans les premières heures du jour. Pour éviter que le dépôt temporaire des détritus dont s'agit devant la porte de chaque maison, n'infecte le sol de la voie publique, la Commission a émis l'avis qu'il y avait lieu de rendre obligatoire l'emploi de boites qui sont vidées *directement* dans les tombereaux, ainsi que cela se pratique à Paris,

Bordeaux, Dunkerque, Londres, Manchester, etc. L'enlèvement devra d'ailleurs être opéré strictement de 6 à 8 heures du matin, en été, et de 7 à 9 heures, en hiver.

Balayage de la rue

Le balayage de la rue, qui incombe aux riverains en vertu du règlement de police du 28 Juillet 1853, laisse souvent à désirer. La Commission a pensé que, pour résoudre cette question d'une façon satisfaisante, il y avait lieu de provoquer une loi autorisant l'imposition d'une taxe de balayage au profit de la Ville, qui demeurerait chargée d'assurer le service. Pareille organisation existe à Paris, en vertu d'une loi du 26 Mars 1873.

Enlèvement des boues et poussières

Nous avons signalé les inconvénients que présente la projection à l'égout des boues et poussières provenant du balayage des chaussées, surtout des chaussées macadamisées. Ces boues et poussières ne pouvant pas cependant rester sur la voie publique, il est nécessaire qu'elles soient enlevées le matin, en même temps que les ordures ménagères. Le personnel du balayage devrait, en conséquence, être augmenté, de façon que le balayage soit terminé aux heures du passage des tombereaux.

Enlèvement des neiges et glaces

L'enlèvement des neiges et glaces donne souvent lieu à de grandes difficultés, par suite de l'importance des cubes à remuer. Il est cependant nécessaire qu'il y soit procédé rapidement, à cause de l'extrême gêne qu'elles occasionnent à la circulation Les prescriptions édictées à ce sujet par divers règlements de police ont paru à la Commission bien conçues ; elle en recommande la stricte application en temps et lieu.

Arrosage des rues

L'arrosage des rues pendant les temps secs est une opération aussi utile à la santé publique qu'à la conservation des chaussées. Elle prévient, en effet, la poussière et l'empêche d'incommoder les passants en pénétrant dans les yeux ou daus les voies respiratoires. On ne saurait donc donner trop d'extension à ce service en multipliant les tonneaux et les bouches d'arrosage. A défaut d'eau douce, on pourrait, dans certains quartiers, employer avantageusement l'eau de mer, à condition de la puiser dans la partie moyenne de la tranche d'eau des bassins ; l'emploi de cette eau, de l'avis de la Commission, ne présentera aucun inconvénient au point de vue hygiénique. Par contre, l'utilisation de l'eau des ruisseaux pour l'arrosage de la chaussée ou des trottoirs devra être sévèrement interdit à cause des matières organiques qu'elle tient toujours en suspension.

Amélioration des ruisseaux

Tant qu'une rue ne sera pas pourvue de son égout, force sera de continuer à admettre l'écoulement des eaux ménagères dans les ruisseaux. Il convient donc, surtout dans les rues à faible pente, d'améliorer l'aménagement des ruisseaux, en cherchant à supprimer autant que possible les surfaces rugueuses des pavés qui nuisent à l'écoulement et facilitent les infiltrations. La Commission recommande, à cet effet, l'emploi d'un dallage en granit creusé en cuvette ou à défaut, celui de trois rangées de pavés posés, à bain de mortier de ciment de tuileau avec rejointoiement en mortier de ciment de Portland. En outre, dès que le rachat de la Compagnie des eaux le permettra, l'Administration devra faire établir sous les trottoirs et aux points culminants de toutes les rues, des bouches de lavage pour le nettoyage bi-journalier des ruisseaux.

Bouches d'égout

En attendant que le réseau des égouts soit établi suivant les bases rationnelles exposées plus haut, il sera nécessaire de prémunir les rues contre les odeurs qui sortent souvent des bouches placées sous les trottoirs. Les systèmes plus ou moins compliqués imaginés à cet effet, doivent être écartés comme exigeant des soins trop minutieux. La Commission n'a pas cru devoir se prononcer pour une disposition ou pour une autre. Elle s'est bornée à inviter l'Administration à étudier le meilleur moyen pratique pour prévenir les émanations.

Largeur des rues

La largeur des rues a une grande importance au point de vue du renouvellement de l'air. La Commission est d'avis que, pour les rues nouvelles à ouvrir, elle ne doit pas être inférieure à 15 mètres. Les places et les squares devront être multipliés ; ces aménagements ne doivent pas être considérés seulement comme un embellissement de la cité ; ce sont aussi, aux yeux des médecins, des réservoirs d'air indispensables à la santé des habitants.

Plantations

Les plantations sur tous les points où il est possible d'en faire, tant à l'intérieur de la ville que sur les accotements des routes et chemins qui l'environnent, contribueraient aussi d'une façon utile non seulement à l'assainissement de l'atmosphère, mais encore à celui du sol, ainsi que l'ont prouvé les travaux de M. Chevreul.

CHAPITRE II

HABITATIONS

La salubrité des contructions n'est pas moins utile que celle de la rue au point de vue de l'hygiène publique.

Drainage du sol

La première condition est de mettre la maison à l'abri de l'humidité, qu'elle vienne du sol ou de l'atmosphère.

Les propriétaires doivent être tenus de drainer le sol sur lequel sont construites les maisons. Ce drainage privé devra se raccorder avec le drainage public dont il a été question plus haut. En attendant la construction des égouts, et même après leur établissement, dans les cas où la pente serait insuffisante pour assurer l'écoulement vers l'égout dans lequel, nous le rappelons, le déversement ne pourra se faire que par la partie supérieure de la galerie, la Commission recommande le percement de puits tubulaires forés jusqu'à la couche perméable formée par le galet noir. Des expériences faites sur plusieurs points de la ville ont montré que le niveau de l'eau dans ces puits se maintient à 6 ou 8 mètres en contre-bas du sol et qu'il est possible, en conséquence, de s'en servir pour l'évacuation des eaux d'infiltration dont on ne saurait autrement comment se débarrasser.

Moyens à employer pour prévenir l'humidité dans les habitations

L'humidité du sol remonte fréquemment dans les murs extérieurs par voie de capillarité. Il convient pour éviter cet inconvénient, de recouvrir extérieurement, au moment de la construction, les murs des caves d'un épais enduit de mortier de ciment de Portland. Une pratique qui donne de bons résultats et que la Commission recommande, consiste à placer dans le soubassement à 0m20 environ au-dessus du niveau du trottoir, une couche isolante de bitume ou de métal. On est même parvenu, pour des constructions anciennes, à intercaler dans les murailles en briques, une feuille de plomb préalablement roulée sur un cylindre.

Pour empêcher l'humidité due à la pluie, il est indispensable que les murs extérieurs soient construits en matériaux aussi imperméables que possible. La Commission conseille à ce point de vue le ciment de Portland, la chaux hydraulique, le sable de carrière et les briques dites à la main. Il est utile, en outre, de fouetter du mortier de ciment sur la paroi intérieure du mur sans le lisser, et à le laisser bien sécher avant d'y appliquer l'enduit en plâtre. Un procédé encore plus sûr consiste à établir une cloison en briques à 5 ou 6 centimètres du parement intérieur du mur, en ayant soin de ménager un courant d'air dans l'espace intermédiaire.

Dimensions des appartements Ventilation Chauffage

Les dimensions des appartements ont une grande influence sur la santé des personnes qui les habitent. Dans les maisons occupées par la classe aisée, l'insalubrité, résultant du manque d'air respirable ou de l'entassement des habitants est un cas exceptionnel. Il n'en est malheureusement pas de même pour les logements de la classe ouvrière. Le Parlement anglais, malgré son respect traditionnel pour la propriété privée, a par le «Sanitary act» de 1866, donné aux autorités municipales des villes de plus de 5.000 âmes le droit de limiter le nombre de locataires à admettre dans chaque logement.— A Glascow, cette limitation est imposée aux hôteliers d'une façon rigoureuse. Chaque pièce d'auberge ou de maison garnie est cubée par un inspecteur sanitaire, et le nombre maximum d'individus à admettre dans cette pièce est inscrit d'une façon permanente sur la porte d'entrée. — La législation française ne contenant aucune disposition analogue, la Commission se borne à observer qu'un cube d'air pur de 60 mètres cubes par heure et par personne adulte est nécessaire dans les chambres à coucher; si donc la pièce ne contient pas ce volume d'air, il est nécessaire que la ventilation y supplée.

Comme ce sujet a une grande importance pour la santé, nous croyons devoir reproduire ici les excellents conseils que donne M. le Docteur Arnould dans ses nouveaux éléments d'hygiène :

« Toute pièce, dans laquelle le séjour peut se » prolonger plusieurs heures, réclame une lumière » suffisante et un air pur ; l'orientation et l'espace » intérieur sont la base de la réalisation de ces » conditions ; mais il ne faut pas que l'ameublement » et la parcimonie des ouvertures rendent illusoire » une installation d'ailleurs satisfaisante. Il faut à » la plus petite chambre à coucher au moins une » fenêtre, s'ouvrant à l'air libre, de plus d'un mètre » de large et le plus possible ayant la même hauteur » que la pièce ; si la Chambre est spacieuse, on lui » donnera une fenêtre par chaque deux mètres. Ne » pas oublier que les meubles diminuent l'espace » primitif, et à titre de surfaces ou matériaux infec- » tables ; supprimer rigoureusement tout ce qui se » multiplie sans profit, les angles, les plis, les sur- » faces propres à recevoir et à garder les poussières, » cloisons superflues, alcôves, rideaux de lit, boise- » ries de revêtement avec des moulures, des enca- » drures. Wiel et Gnehm sont antipathiques aux » armoires ou placards pratiqués dans le mur et » servant principalement de garde-robes ; ces ar- » moires, recevant les vêtements qui ont été portés, » s'imprègnent d'odeurs, d'émanations, sont enva- » hies par les parasites et n'en restent pas moins » très difficiles à ventiler et à nettoyer. Les armoires » mobiles sont évidemment préférables, pourvu que,

» dans les dimensions de la pièce, on ait tenu compte
» de la place qu'elles occupent.....

» Les corridors, paliers, cages d'escaliers et tous
» autres espaces vides dans la maison, protègent le
» logement proprement dit vis à vis des influences
» atmosphériques extérieures (température et hu-
» midité); ils ont, de plus, le sérieux avantage
» d'agrandir la surface habitée.

» Mais cet heureux résultat n'est atteint qu'au-
» tant que ces espaces intermédiaires sont eux-
» mêmes dans de bonnes conditions de salubrité,
» larges, spacieux, hauts de parois, donnant un libre
» accès à la lumière et pouvant fournir un air sem-
» blable à l'air extérieur par l'ouverture de grandes
» fenêtres. »

Nous avons prononcé plus haut le mot de ventilation. La Commission recommande que les prises d'air à cet effet soient pratiquées dans les façades les plus exposées au soleil, et jamais dans les courettes, vestibules ou cages d'escalier. Dans les appartements munis d'une cheminée, l'air extérieur avant de pénétrer dans l'intérieur devra, autant que possible, passer aux environs de la cheminée de façon à être légèrement chauffé. Pour les pièces éclairées au gaz, la ventilation devrait être obligatoire. En ce qui concerne le chauffage des appartements, la Commission signale, comme dangereux, l'usage des poëles en fonte chauffés au rouge.

Un dernier point à noter en ce qui concerne les

dimensions des appartements est qu'une hauteur suffisante est une condition essentielle de l'hygiène. Elle ne doit, *dans aucun cas*, descendre au-dessous de $6^{m}20$.

Des Water-Closet
Emploi d'appareils siphoïdes

Un des principaux arguments que nous avons fait valoir à l'appui du système de « tout à l'égout », est qu'il permet l'évacuation immédiate hors de la maison des souillures de toute nature. Mais l'application de ce système pourrait avoir de funestes conséquences, si elle n'était pas accompagnée de dispositions propres à intercepter la communication entre les égouts et les habitations. Telles émanations qui peuvent se produire sans inconvénient sur la voie publique par les bouches d'égout, à cause du renouvellement constant de l'air, seraient dangereuses, si elles venaient à se concentrer dans des pièces insuffisamment aérées. — Ces observations s'appliquent également à l'état actuel des choses. En conséquence, les cabinets d'aisances sans fermeture devront être condamnés sans rémission pour l'avenir comme pour le passé. Partout où peut parvenir la distribution d'eau, les propriétaires doivent être tenus d'installer dans les cabinets des appareils siphoïdes à fermeture hydraulique du système Jennings ou de tout autre système similaire. — A l'avenir, dans toutes les maisons nouvelles, les water-closet devront être installés sur les façades des cours avec un éclairage et une ventilation suffisante; ils devront être précédés d'un dégagement. — Les tuyaux de chute devront être placés verticalement et construits au moyen de tuyaux de fonte ou de poterie vernissée d'un diamètre de 0^{m}18 au moins. — En attendant que les fosses fixes soient supprimées, il est nécessaire de munir chacune d'elles d'un tuyau d'évent complètement distinct et indépendant du tuyau de chute ; ce tuyau doit être prolongé jusqu'au dessus du faîtage des maisons voisines les plus élevées.

Ecoulement des eaux ménagères

Les eaux ménagères, par leur fermentation rapide, offrent plus de dangers encore que les émanations des water-closet.

Lorsqu'elles viennent à être mélangées avec des urines, elles répandent très promptement une odeur infecte. Les dalles placées sur les façades extérieures des maisons servent trop souvent à la fois, dans les ménages pauvres, d'écoulement à ces deux liquides. Pour faire cesser cette déplorable pratique, un certain nombre de membres de la Commission aurait désiré la suppression des dalles et leur remplacement par des éviers en pierre ou en métal, dont l'établissement dans chaque logement aurait été rendu obligatoire. Mais la majorité a pensé que les dalles extérieures étaient préférables, à cause de leur position même qui permet à la police d'en surveiller la propreté plus facilement que pour toute espèce d'installations intérieures. Il importe donc que cette surveillance soit effective et que des instructions précises soient données à ce sujet aux agents de police. Il faut, en outre, exiger que chaque dalle soit munie d'une fermeture hydraulique. Pareille installation devrait être imposée, pour les éviers, dans les maisons qui en possèdent, surtout lorsque l'écoulement a lieu directement à l'égout. Une simple bonde ne saurait suffire.

La construction des éviers eux-mêmes laisse aussi souvent à désirer. Fonssagrives recommande de les constituer avec des pierres dures qui, ne s'usant pas au frottement comme les pierres calcaires généralement employées, ne présentent pas de dépression favorable à la stagnation des liquides. Des lavages fréquents à grande eau sont, en outre, indispensables.

Caniveaux et gargouilles

Il est entendu que dès qu'une rue sera munie d'un égout, les propriétaires des immeubles riverains seront tenus d'y rejeter les eaux ménagères. Mais, jusqu'à ce moment, lesdites eaux continueront à s'écouler par les caniveaux ménagés dans les allées et par les gargouilles placées sous les trottoirs. Le système de caniveaux dallés fermés à la partie supérieure par un recouvrement métallique mobile est celui qui a paru le plus convenable à la Commission comme présentant plus de facilités pour le nettoyage et pouvant plus difficilement échapper à la surveillance de l'autorité. Quant aux gargouilles, la Commission a jugé utile qu'il y avait lieu d'appeler l'attention de l'Administration sur la nonchalance avec laquelle la police réclame l'exécution du réglement, aux termes duquel les propriétaires ou locataires sont tenus de nettoyer avec soin les conduites établies sous les trottoirs, afin d'éviter l'engorgement dû aux eaux ménagères. Pour faciliter le nettoyage, il conviendrait d'ailleurs d'exiger que toutes les cours intérieures soient pavées en grès ou en briques posées à bain de mortier et qu'elles soient toutes pourvues d'un robinet d'eau.

Dépôts de fumiers

Certaines maisons sont infectées par le voisinage de dépôts de fumiers. Ces dépôts sont réglémentés par les articles 19, 20 et 30 de l'arrêté de police du 28 Juillet 1853. La Commission estime que l'Administration doit tenir strictement la main à l'application de ces dispositions réglementaires. Elle pense en outre qu'il conviendrait de compléter l'article 20 en fixant la durée maxima pendant laquelle les fumiers peuvent être conservés en ville et, d'autre part, en spécifiant qu'ils doivent être enlevés aux mêmes heures que les immondices.

CHAPITRE III

ALIMENTATION PUBLIQUE

L'influence de l'alimentation sur la santé publique n'a pas besoin d'être démontrée. L'autorité municipale a donc qualité pour intervenir Elle le fait, soit en créant certains établissements ou certaines installations qui sont placés directement sous sa direction, soit en exerçant un contrôle sur les denrées de toutes sortes qui sont mises en vente dans la ville.

De l'eau potable

L'aliment le plus nécessaire, le plus répandu, est assurément l'eau. La ville du Havre a la bonne fortune d'être presque exclusivement alimentée par l'eau de Saint-Laurent, qui est excellente au point de vue potable. Malheureusement, le réseau de distribution est insuffisant et un assez grand nombre d'habitants doivent se contenter d'eau de pluie ou d'eau de citerne. Ces eaux étant la plupart du temps contaminées par des matières organiques, la Commission, indépendamment des considérations qui ont été exposées dans les chapitres précédents, a, au point de vue spécial de l'alimentation, exprimé le vœu que, dès que la Ville sera en possession des eaux, les habitants soient pourvus d'eau potable abondamment et à bon marché. En attendant, les citernes devront faire l'objet d'une surveillance sérieuse de la part de l'Administration; le nettoyage périodique devra en être rendu obligatoire.

L'eau de Saint-Laurent ayant une réaction fortement alcaline, attaque facilement certains métaux, tels que le plomb et le zinc, lorsqu'elle est en contact prolongé avec eux. Pour éviter les inconvénients qui pourraient en résulter pour la santé, la Commission recommande l'usage des réservoirs en tôle, en fonte ou en maçonnerie.

Les réservoirs en zinc doivent être proscrits, surtout à cause des soudures qui contiennent toujours une forte proportion de plomb.

Commerce de la Boucherie Abattoirs

La plus grande partie de la viande consommée au Havre, provient d'animaux amenés sur pied en ville et abattus à l'abattoir construit en 1855 dans le voisinage de l'anse de l'Eure. Cet abattoir présente certaines défectuosités. La plus grave réside dans le mode de communication de l'égout avec chaque échaudoir, triperie, tuerie à porc, fondoir. Les ouvertures donnent passage à des émanations très nuisibles à la viande. Elles devraient être munies d'appareils siphoïdes ou tout au moins être reportées au dehors. La plupart des échaudoirs ont des dimensions et une aération insuffisantes. Les portes devraient être à jour et en fer. Au robinet d'eau devrait être adjoint un tuyau caoutchouc permettant de lancer de l'eau dans toute l'étendue de la salle. Les vacheries et les bergeries devraient être munies de robinets semblables pour faciliter leur nettoyage à grande eau. Les rigoles extérieures devraient être en matière dure, unie et être plus éloignées des murs ; l'eau devrait y couler en abondance deux fois par jour. Des rues asphaltées et couvertes avec des marquises seraient utiles pour pouvoir y égorger les petits animaux en plein air et les y laisser se refroidir et se déshydrater. L'établissement, enfin, ne possède pas de local convenable pour les autopsies, ni de chambre froide pour la conservation de la viande pendant les chaleurs.

Il serait peut-être difficile de satisfaire à tous ces desiderata dans l'abattoir actuel; une solution plus radicale s'impose d'ailleurs. Par suite du développement de la ville, les Abattoirs se trouvent maintenant beaucoup trop près de nombreuses habitations, et il est devenu indispensable de les reporter sur un point isolé. La Commission a émis l'avis que cette translation devait avoir lieu le plus tôt possible; le nouvel abattoir devra être établi conformément aux principes exposés ci-dessus, et satisfaire amplement à toutes les règles de l'hygiène et de la salubrité.

L'adjonction au nouvel abattoir d'un marché aux bestiaux a paru à la Commission une mesure des plus utiles. Elle permettra, en effet, au service d'Inspection de la boucherie, d'éliminer avant l'abattage les animaux malades ou suspects. Dans la pensée de la Commission, ce marché devrait être établi entre le canal de Tancarville et la Seine, sur un emplacement aussi rapproché que possible du débouché de l'égout et relié au chemin de fer par un embranchement spécial. Il sera nécessaire de le pourvoir d'eau à discrétion. Il conviendra aussi de le munir de substances pour la désinfection des animaux malades de la fièvre aphteuse, non dirigés sur l'abattoir.

Marché à bestiaux

Le contrôle de l'Administration, sur la viande s'exerce par le service de l'inspection de la boucherie soit à l'abattoir, soit dans les halles et marchés et sur la voie publique, soit enfin dans les étaux, magasins et boutiques des marchands. Au sujet de ce service, la Commission a observé que l'inspection des animaux phthisiques devrait être extrêmement sévère. Des travaux récents tendent à faire croire que la phthisie est contagieuse, non-seulement dans l'espèce humaine, mais encore des animaux à l'homme. Il y a donc lieu de rejeter absolument de la consommation les animaux atteints de tuberculose généralisée. Ceux qui ne présenteraient que des lésions localisées dans le poumon seulement peuvent être acceptés, si l'animal est dans un bon état de graisse. Dans le cas de tuberculose, et même d'une façon générale,

Inspection de la Viande

lorsqu'il y a lieu à rejeter un lot de viande, il est à désirer que la dénaturation de cette viande soit faite par un inspecteur en personne dans un local spécial. Pour qu'aucune viande n'échappe au contrôle du service de l'inspection, il convient que toutes les viandes amenées du dehors soient portées aux abattoirs ou dans un bureau à créer au centre de la ville. Les viandes de provenance étrangère et destinées à la consommation de la ville doivent être soumises à la même obligation.

Chacun sait avec quelle rapidité s'altère la viande qui a été en contact avec un linge ou un récipient souillé par de la graisse et du sang. Il y a donc lieu d'exiger une extrême propreté des boutiques, des étaux, des voitures des paniers et des linges qui servent au transport de la viande.

Commerce de la charcuterie

La charcuterie est un aliment très répandu, surtout dans la classe ouvrière. La commissiou a exprimé l'avis que les laboratoires des charcutiers devraient être l'objet de la part du service d'Inspection d'une surveillance journalière et minutieuse. Souvent les viandes atteintes par la fermentation sont hachées; leur piquant et leur odeur sont dissimulés par des aromates et des épices.

Les Inspecteurs devraient s'assurer que les viandes sont suffisamment cuites pour que la trichine et tous les parasites soient complètement détruits. Ils devraient saisir et retirer de la consommation toutes viandes ou préparations frappées des premières atteintes de la fermentation putride.

Organisation et attributions du service d'inspection de la boucherie

Certaines améliorations ont paru en outre à la Commission devoir être introduites dans l'organisation du service d'inspection de la boucherie. Le chef du service qui doit avoir aussi la direction des Abattoirs devrait être nommé au concours. Toute profession étrangère doit lui être interdite. Les agents doivent être assermentés et être astreints a porter un signe distinctif qui les fasse facilement reconnaître du public. Le service doit, d'une façon générale, favoriser l'approvisionnement dans la mesure de ses attributions et gêner le moins possible les approvisionneurs. Dans ses attributions doit rentrer la visite :

1° Des animaux vivants exposés sur le marché;

2° Des bestiaux amenés à l'abattoir et de leur viande;

3° Des viandes foraines, indigènes et exotiques, des lards et jambons d'Amérique;

4° Des viandes de toute nature, du poisson, du gibier, des volailles, sur les marchés, sur la voie publique et dans les boutiques;

5° Des chevaux, ânes et mulets destinés à la boucherie avant et après l'abattage.

Le service d'inspection devra également prêter

son concours aux casernes, au Lycée et aux Hospices, si ce concours lui est réclamé.

Commerce du lait

La mortalité des enfants du premier âge, au Havre, est considérable (1). Elle doit en grande partie être attribuée aux conditions défectueuses dans lesquelles le lait est donné aux enfants qui ne sont pas élevés au sein. Le lait de vache en lui même ne présente que des différences peu importantes avec celui de la femme et si l'enfant pouvait l'absorber comme s'il le prenait au sein de sa mère, les résultats ne différeraient pas sensiblement. Malheureusement, il s'en faut de beaucoup que les choses se passent ainsi. Le lait n'est apporté au Havre qu'une fois par jour et les distances des endroits de production ne permettent guère qu'il en soit autrement. En outre dans le lait qui est distribué chaque matin, une partie est du jour même, mais l'autre partie a été traite la veille à onze heures du matin et à sept heures du soir, de telle sorte que chaque matin il est vendu du lait trait pour partie, il y a douze ou dix-huit heures. « Si à » ces inconvénients, dit M. Lebreton Deshayes à la » note duquel nous avons emprunté, les renseigne- » ments qui précèdent, l'on ajoute le transvasement » plusieurs fois répété, les inconvénients du trans- » port, les variations atmosphériques, on est obligé

(1) Elle a atteint en 1880, 26,1 et en 1881, 21,9 0/0. Pendant ces mêmes années la mortalité des enfants du premier âge ne s'était élevée, à Paris, qu'à 17,1 et 17,6 0/0.

» de reconnaître que le Havre reçoit généralement » du lait dénaturé, c'est-à-dire mauvais. Aussi n'est-» il pas téméraire de dire que l'approvisionnement » général des biberons des enfants a lieu dans des » conditions déplorables, et que c'est là la cause des » lamentables résultats que nous connaissons. »

Création de vacheries en ville

Il y a donc lieu d'apporter au plus tôt des changements très sérieux à cet état de choses ; il faut aviser aux moyens de procurer aux enfants du lait frais deux ou trois fois par jour. La mesure la plus efficace a paru à la Commission être la création de vacheries en ville. Sans doute cette installation exigera des précautions spéciales. A Paris, des essais tentés dans cette voie n'ont pas réussi parce que les vaches séquestrées en ville devenaient phthisiques. Mais au Havre il parait possible de les placer dans des étables spacieuses et bien aérées. On pourrait en outre organiser un système de rotation au moyen duquel les vaches resteraient en ville seulement huit jours consécutifs, pour retourner ensuite dans les herbages. Avoir du lait frais en ville est le seul moyen de faire décroître la mortalité, si fâcheusement excessive des nouveau-nés ; on préviendrait ainsi deux ou trois cents décès par an ; nos médecins sont unanimes sur ce point.

Inspection du lait

Le bienfait du lait fourni par les vacheries qui seraient installées en ville, devra être sans doute réservé aux enfants et aux malades. Aussi y a-t-il lieu, pour l'Administration, de continuer et de perfectionner, si possible, le contrôle qu'elle exerce sur le commerce du lait. A ce point de vue, la Commission recommande de ne laisser entrer dans la consommation que du lait *pur*, c'est-à-dire non additionné de matières étrangères quelle qu'en soit la nature, et *complet*, c'est-à-dire non écrêmé. Elle insiste aussi pour qu'il soit procédé à des vérifications répétées, aux barrières et en ville, chez les revendeurs. L'inspection devrait être toujours exercée par les mêmes agents initiés à l'examen du lait.

Service d'inspection des denrées alimentaires Création d'un laboratoire municipal de chimie

La falsification des denrées alimentaires présente, au point de vue de la santé publique, les plus graves inconvénients. Aussi est-elle sévèrement réprimée par la loi. Malheureusement, très complète lorsqu'il s'agit spécifier et de punir le délit, la loi est muette sur les mesures d'inspection qui seules peuvent la rendre efficace. Aussi, les moyens mis généralement en œuvre pour découvrir la fraude, sont-ils le plus souvent incomplets et défectueux.

Il est donc nécessaire d'organiser le service d'inspection des denrées alimentaires, dans des conditions propres à en assurer le fonctionnemeut régulier. La division de la ville du Havre en quatre sections et l'affectation à chacune d'elles d'un inspecteur ambulant, a paru à la Commission une mesure des plus utiles. « Mais la science fournissant

» aux falsificateurs des procédés nouveaux, a rendu » l'étude des denrées, une opération généralement » délicate et complexe que les inspecteurs ne peu- » vent faire avec les instruments forcément très » simples dont ils disposent, et que permet seule l'a- » nalyse chimique ou microscopique. La création » d'un laboratoire constamment à la disposition du » serviee d'inspection est donc le complément né- » cessaire de cette institution. Une pareille création » ne tarderait certainement pas à acquérir une im- » portance considérable si le laboratoire est mis à » à la disposition du public et si tout consommateur » peut venir s'y renseigner sur la valeur du produit » qu'il achète. Aux inspecteurs dont le petit nombre » rend forcément la surveillance limitée viendra » s'adjoindre le public tout entier, exerçant lui- » même sa propre police sanitaire. Rien ne peut » valoir une pareille coopération. »

Les lignes qui précèdent sont extraites d'un remarquable rapport présenté par MM. Offret, ancien élève de l'Ecole normale supérieure, professeur agrégé de physique au Lycée du Havre, et Février, Ingénieur des arts et manufactures, chimiste de la Douane. Les conclusions de ce rapport tendant à la création d'un laboratoire municipal de chimie à adjoindre au bureau d'hygiène, ont été adoptées à l'unanimité par la Commission. Des laboratoires de ce genre fonctionnent depuis longtemps en Angleterre et en Allemagne et, depuis quelques années, dans un certain nombre de villes de France parmi lesquelles on peut citer Paris, Lille, Nancy et Rouen; partout ils rendent de grands services. Pour tous les détails de l'organisation nous croyons devoir renvoyer au travail de MM. Offret et Février, nous nous bornerons à dire que, à l'exemple de ce qui se pratique à Paris, le laboratoire aurait un double but : Renseigner gratuitement le public sur la valeur des produits alimentaires et des boissons que ce dernier y apporte. Renseigner l'administration et la justice sur les fraudes commises par les habitants. Les bulletins qui seront remis au public pour lui faire connaître le résultat des analyses, seraient libellés de façon à prévenir l'emploi qu'on pourrait en faire, soit comme moyen de réclame, soit comme moyen de diffamation. Lorsqu'une analyse provoquée par un particulier tendra à faire croire qu'un commerçant met en vente une denrée falsifiée, le service de l'inspection prélèvera directement, chez ce commerçant, plusieurs échantillons de la denrée soupçonnée. Un de ces échantillons sera soumis à l'analyse ; le résultat en sera porté à la connaissance de l'Administration qui saisira la justice, s'il y a lieu. En dehors des prélèvements provoqués par les analyses faites pour le public, les Inspecteurs devraient en opérer d'autres d'une manière régulière et continue chez les différents marchands de la ville. Ces saisies régulières auront le double avantage d'entretenir la surveillance et de sauvegarder le marchand, contre la suspicion dont il serait l'objet de la part des habitants de son quartier dès l'apparition des Inspecteurs, suspicion injuste, font remarquer MM. Offret et Février, puisque rien n'empêche une personne quelconque, de déposer au laboratoire, comme provenant de tel ou tel commerçant, un échantillon avarié ou falsifié chez elle.

Tout ce qui vient d'être dit des denrées s'applique bien entendu aux boissons. Les discussions qui ont eu lieu tout dernièrement au congrès international d'hygiène de Génève, ont mis en évidence ce fait, que les effets de l'alcoolisme sont devenus beaucoup plus désastreux, depuis que l'usage des alcools industriels est substitué à celui de l'eau-de-vie de vin. Ces alcools, dont quelques uns sont toxiques à un haut dégré, entrent dans la fabrication des vins, des bières et des liqueurs diverses. L'attention du chimiste qui dirigera le laboratoire ne saurait trop se porter sur ces boissons qui sont un véritable danger pour la santé publique.

En dehors des frais d'installation qui seraient peu élevés, si, comme cela paraît possible, on trouve dans l'Hôtel-de-Ville un local convenable, la dépense annuelle qu'entraînerait le fonctionnement du laboratoire ne dépasserait pas 15,500 fr. Cette dépense paraît bien minime, si on la met en regard de l'amélioration qu'elle permettrait certainement de réaliser dans la qualité des denrées alimentaires.

Création d'une boucherie agricole et d'un marché d'approvisionnement

En terminant ce chapitre, nous devons signaler une cause qui nuit à l'alimentation et, par suite, à la santé d'un trop grand nombre de familles; c'est le prix élevé de la vie au Havre. La Commission a pensé qu'à ce titre, elle avait qualité pour recommander les mesures propres à faire diminuer le prix des aliments de première nécessité. Elle conseille, dans ce but, la création d'une boucherie agricole où l'engraisseur livrerait son animal pour en recevoir directement le prix de vente, sous déduction d'une faible commission, à l'instar de ce qui se pratique dans les fromageries suisses et comtoises. Dans le même ordre d'idées, la Commission attache un vif intérêt à la création d'un grand marché d'approvisionnement qui se tiendrait le matin, à des heures déterminées. Elle a émis, en conséquence, le vœu que le projet, actuellement à l'étude au Conseil Municipal et qui consiste a agrandir le marché Louis-Philippe, soit réalisé le plus tôt possible.

CHAPITRE IV

ASSISTANCE PUBLIQUE

Les mesures hygiéniques recommandées dans les chapitres précédents permettront, sans aucun doute, de restreindre le nombre des maladies et l'importance des épidémies ; elles n'arriveront à supprimer ni les unes, ni les autres. L'assistance publique devra donc continuer son œuvre, laquelle, au point de vue spécial qui nous occupe, a pour objet à la fois de soulager ou de guérir les malades et de prévenir la contagion. Il entrait donc dans le cadre des travaux de la Commission, de rechercher les améliorations dont est susceptible cette branche importante de l'Administration municipale.

Extension des pouvoirs du bureau d'hygiène

La ville du Havre possède, depuis 1879, un bureau d'hygiène. C'est un honneur pour elle d'avoir été la première à introduire en France cette utile institution qui fonctionne depuis près de trente ans en Angleterre, et dont certaines villes étrangères, parmi lesquelles il faut citer Bruxelles et Turin, ont tiré le plus grand parti.

Aux termes d'un arrêté municipal du 24 Juin 1879, le bureau d'hygiène du Havre centralise et met en ordre tous les documents relatifs aux naissances, aux mariages et aux décès, intéressants au point de vue de la santé publique et de la démographie, et en déduit des statistiques hebdomadaires, mensuelles et annuelles. Il recueille, en outre, tous les renseignements fournis par les médecins de la ville et des hôpitaux et par les médecins de l'état civil, sur les cas de maladie revêtant un caractère infectieux ou contagieux. Il transmet ces renseignements à l'autorité municipale. A cet effet, chaque jour, les points où se sont produits des cas d'affections épidémiques ou transmissibles, sont indiqués sur un plan de la ville, à l'aide de signes de couleurs différentes pour chaque espèce de maladie. Les médecins attachés au bureau d'hygiène, à raison de deux pour chacun des trois cantons du Havre, surveillent l'exécution des mesures d'assainissement que prescrit l'Administration municipale soit directement, en cas d'urgence, soit, dans les autres cas, après avis de la Commission consultative, sous la direction de laquelle est placé le bureau. Ils donnent aux familles tous les conseils relatifs à l'isolement des malades, dans la limite du possible, à la désinfection des déjections, des hardes et des logements. Ils signalent à l'Administration les indigents chez lesquels, dans l'intérêt général, il est nécessaire de fournir gratuitement des matières désinfectantes. — Les mêmes médecins sont chargés de veiller à l'hygiène scolaire. Dans ce but, ils inspectent, au moins une fois par mois, les écoles et les salles d'asile communales placées dans leurs sections respectives. Ils prescrivent le renvoi provisoire des enfants reconnus atteints d'affections contagieuses, etc.—Ils pratiquent enfin des vaccinations gratuites à l'Hôtel-de-Ville et en vérifient les résultats la semaine suivante. Telles sont les attributions multiples du bureau d'hygiène et des médecins qui, moyennant une modique allocation, consacrent une partie précieuse de leur temps à la protection de la salubrité publique. Il suffit de lire les rapports semestriels du directeur du bureau, le sympathique Docteur Launay, pour reconnaître le dévouement intelligent avec lequel le bureau et ses médecins s'acquittent de leurs fonctions.

Il est incontestable que d'excellents résultats ont été obtenus. On peut se demander cependant s'il ne conviendrait pas, dans l'intérêt de la prophylaxie des maladies épidémiques, d'augmenter les pouvoirs de l'institution qui nous occupe. L'exemple de ce qui se pratique depuis 1874, à Bruxelles, donne à cet égard d'utiles indications. Cet exemple est d'autant plus concluant que la Belgique est régie par des lois semblables aux nôtres et qu'il a suffi de l'initiative de la municipalité bruxelloise pour organiser les mesures que nous allons indiquer, d'après des renseignements fournis tout dernièrement par M. le Docteur Proust, à l'Académie de Médecine de Paris.

Dès qu'un cas de maladie contagieuse a été vérifié par un des inspecteurs du bureau d'hygiène, s'il s'agit d'un malade dont la présence dans la maison peut devenir dangereuse, ce malade est emmené dans une voiture spéciale et conduit à l'hôpital. Dans le cas de variole, on vaccine toute la famille et quelquefois toute la maison. Un conducteur des ponts et chaussées et son équipe, sont constamment à la disposition du bureau d'hygiène pour aller immédiatement constater la salubrité de la maison et de ses dépendances, examiner l'état de communication avec l'égout et désinfecter avec des liquides qui sont apportés par les agents sanitaires eux-mêmes. Dans le cas où des travaux seraient reconnus nécessaires pour assurer la salubrité, ils sont exécutés d'urgence et l'Aministration a recours plus tard contre le propriétaire. Une instruction est remise pour indiquer les précautions qu'il y a lieu de prendre. Tous les soirs, le directeur du bureau d'hygiène soumet à la signature du bourgmestre ou d'un de ses échevins, les pièces régularisant toutes les mesures qu'il a été obligé de prendre lui-même d'urgence. Cette organisation, plus complète on le voit, que la nôtre, a eu plein succès. Sans doute, de même que les causes d'une épidémie sont malaisées quelquefois à déterminer, celles de leur diminution et de leur disparition sont presque toujours difficiles à saisir. Il est nettement établi cependant que depuis six ans, la moyenne des décès par fièvre typhoïde comparée à celle des années précédentes, a diminué à Bruxelles de près de moitié.

La Suisse paraît décidée à entrer dans la même voie. Il a été présenté aux chambres fédérales dans le cours de la présente année un projet de loi dont voici les dispositions principales :

1° Applicabilité de la loi en tout temps et par le pouvoir fédéral, à la variole, au choléra asiatique, au typhus pétéchial et à la peste ;

2° Dénonciation par le médecin (malgré le Code pénal qui, à Genève l'astreint au secret médical) ou par toute autre personne soignant un malade, de tous les cas de maladie rentrant dans le cadre de la loi ;

3° Isolement des malades et de ceux qui les soignent ;

4° Désinfection du malade, de toute personne et de tout objet avec lesquels il aura été en contact ;

5° Vaccinations obligatoires ;

6° Temporairement, en cas de danger général, les autorités cantonales peuvent étendre l'application de la loi à la scarlatine, à la diphthérie, au thiphus, à la dyssenterie et à la fièvre puerpérale.

Parmi ces dispositions, quelques unes, pour être appliquées en France, devraient être édictées par une loi. Mais la plupart pourraient sans doute être prescrites par un simple arrêté municipal qui chargerait le bureau d'hygiène d'en surveiller l'exécution. La Commission a cru devoir recommander, d'une façon toute particulière, cette question à l'attention de l'Administration Municipale. En science épidémiologique, comme en droit pénal, il vaut mieux, en effet, prévenir que réprimer. Toute dépense faite dans ce but est une économie réalisée, car il faut beaucoup plus d'argent pour combattre une épidémie qu'il n'en eût fallu pour l'empêcher.

Réunion de la Commission administrative de Hospioe et de celle du Bureau de Bienfaisance en une seule Commission

L'assistance publique est actuellement gérée au Havre par deux Commissions administratives indépendantes : la Commission de l'Hospice et celle du Bureau de Bienfaisance. La première s'occupe exclusivement de la gestion des hospices ; la seconde, en dehors des secours pécuniaires qu'elle distribue, veille aussi, dans certains cas, au traitement des malades à domicile. Mais pour cette dernière partie du service une entente avec l'Administration de l'hospice est indispensable. La Commission d'assainissement a émis l'avis qu'il y aurait intérêt à ce que les deux commissions administratives en question, soient réunies en une seule ; la faculté de cette réunion parait avoir été réservée, par l'article 7 de la loi du 2 Mai 1873. Dans les attributions de la Commission nouvelle pourraient être utilement placées la direction d'un bureau de placement pour les ouvriers sans travail et la surveillance d'une école théorique et pratique de garde-malades.

Création de dispensaires de quartier

Nonobstant la fusion des deux Commissions administratives, le double service médical devra continuer à fonctionner. La Commission pense, en effet, qu'il convient d'étendre, autant que faire se peut, le traitement des malades à domicile. Dans ce but, elle recommande la création de dispensaires de quartier qui permettent d'étendre ce mode de traitement. Les services que rend le dispensaire des enfants malades de la rue Saint Quentin, due à l'intelligente et charitable initiative de Mr le Docteur Gibert, démontrent clairement l'utilité de pareilles institutions.

On sait que, dans ce dispensaire, M. Gibert ne se borne pas à une consultation gratuite, se traduisant par une ordonnance écrite, comme cela se pratique dans la plupart des hôpitaux, ni même à une distribution gratuite de médicaments, comme on le fait dans beaucoup de bureaux de bienfaisance. Tous les autres moyens efficaces de traitement, tels que : Bains simples et médicamenteux, appareils d'hydrothérapie et d'orthopédie, exercices gymnastiques, douches de toutes sortes, électricité sous toutes ses formes, massage, etc., sont à la disposition des jeunes malades. Une cuisine gratuite est même adjointe aux autres appareils de traitement, afin de pouvoir fournir aux enfants chétifs l'alimentation réconfortante qui leur manque. Tout cela est parfaitement connu au Havre et même ailleurs, mais ce que l'on ignore généralement, c'est le prix véritablement minime auquel ressort ce traitement. Maintenant que le capital de premier établissement est amorti ou à peu près, le prix d'une journée de traitement revient, par enfant soigné, à 0f25. M. le Docteur Foville, inspecteur général des services administratifs, envoyé au Havre par M. le Ministre de l'Intérieur pour se rendre compte du fonctionnement du dispensaire, était donc amplement fondé à constater, dans son rapport, l'énorme différence qui existe entre ce prix de revient et celui du traitement d'un malade à l'hôpital, dont la journée ne coûte pas moins de 1 fr. 50 à 2 fr. Quelle économie pour les finances municipales, si un certain nombre de malades, qui font de longs séjours dans les hôpitaux, pouvaient être convenablement traités comme externes dans des institutions analogues au dispensaire de la rue Saint-Quentin!

Ouverture du nouvel Hôpital

Malheureusement, il faut reconnaître que les dispensaires ne s'adressent qu'à une classe relativement restreinte de la population. Il résulte de diverses enquêtes que, plus des quatre cinquièmes des malades en traitement à l'hôpital, logent en garnis ou n'ont personne pour les soigner; certains n'ont même pas de domicile. Si l'on ajoute à cela le manque de ressources, de linge, le milieu malsain dans lequel les malades sont presque toujours placés chez eux, l'impossibilité où ils se trouvent de se nourrir, lorsque le salaire journalier leur fait défaut, on sera amené à conclure que la clientèle des hôpitaux continuera à croître en proportion de l'augmentation de la population. Le nombre de lits dont dispose l'hôpital actuel étant manifestement insuffisant, la Commission demande que le nouvel hôpital soit ouvert dans le plus bref délai possible. Elle émet en outre le vœu que cet établissement soit pourvu de pavillons d'isolement pour les personnes atteintes de maladies contagieuses graves, et de salles d'observation pour les malades dont les affections sont insuffisamment caractérisées.

Construction d'une Maternité

La maternité ou maison d'accouchement est actuellement installée dans un pavillon trop petit dont la Ville n'est d'ailleurs que locataire. La Commission considère que la construction d'un établissement spécial convenablement aménagé s'impose dès maintenant. Elle pense qu'il conviendra de s'inspirer, lors de la rédaction du projet de cet établissement, des dispositions adoptées, d'après les Conseils du Docteur Tarnier, à la Maternité de Paris dont toutes les chambres sont indépendantes. L'entrée de chacune d'elles est placée à l'extérieur ; on y accède au moyen d'un balcon.

Augmentation du nombre des Crèches

Nous avons eu l'occasion d'insister plus haut, à propos de l'alimentation publique, sur le grand avantage que présente, pour les enfants du premier âge, l'allaitement maternel. Malheureusement, cet allaitement est souvent contrarié par le travail de la mère de famille. L'extension des Crèches dans lesquelles les mères peuvent venir, deux ou trois fois par jour, donner le sein à leurs enfants, serait donc une mesure des plus utiles. Nul doute que les patrons ne donnent aux femmes qu'ils emploient toutes facilités à cet égard. A l'exemple de ce qui se passe à la crèche de Graville, les crèches seraient pourvues de nourrices et régulièrement approvisionnées de lait pur; les heures d'ouverture et de fermeture seraient réglées d'après celles des ateliers de travail.

Mesures à prendre contre les épidémies
Vaccination obligatoire

Les principales maladies épidémiques observées au Havre sont : la variole, la scarlatine, la rougeole, la fièvre typhoïde, la diphthérie et le choléra qui est heureusement beaucoup plus rare mais qui frappe des coups beaucoup plus terribles que les autres épidémies. Indépendamment des mesures d'hygiène et de salubrité, la médecine, dans l'état actuel de la science, ne possède de moyens préventifs que contre la variole.

Chacun connaît l'importance, à ce point de vue de la vaccination. Les médecins, cependant, constatent qu'un grand nombre d'habitants ne sont pas vaccinés. En s'exposant, par incurie ou de parti pris, à la contagion, ces personnes exposent la société tout entière. L'obligation seule de la vaccination, pourra diminuer la mortalité due à la variole; la Commission a pensé qu'il y a lieu de la réclamer des pouvoirs publics. — Des certificats de vaccine sont exigés, d'ordinaire, pour l'entrée dans certains établissements; il serait utile que le bureau d'hygiène soit invité à délivrer ces certificats aux personnes qui en feraient la demande.

Lorsque les épidémies sont déclarées, il est nécessaire, pour les empêcher de se propager, d'isoler les malades aussi complètement que possible. Dans cet ordre d'dées, la Commission conseille la recherche d'un emplacement de réserve pour l'établissement de tentes ou de baraques en vue de suppléer aux hopitaux en cas d'épidémie. Les malades qui réclament les secours de l'administration hospitalière devront être transportés par les soins de cette Administration dans des voitures spéciales. Il conviendra aussi de veiller avec plus de soin encore que d'habitude, à ce que les enfants qui auraient été atteints d'affections transmissibles ne soient reçus dans les écoles, qu'après la disparition, constatée par le médecin traitant, de tout danger de contagion.

Création d'étuves de désinfection

La désinfection des effets des malades, et des locaux qu'ils ont occupés, présente, au point de vue de la propagation des épidémies, une importance capitale. A Paris, sur un rapport de MM. Pasteur et L. Colin, le Conseil de salubrité a réclamé la création, sur deux points opposés de la capitale, d'étuves exclusivement réservées à la désinfection, par la vapeur d'eau à 100°, des effets contaminés par les affections contagieuses. La Commission insiste sur la création au Havre d'une ou plusieurs étuves de désinfection; le Mont-de-Piété devrait être pourvu d'une installation de ce genre.

Stricte application des règlements concernant les filles publiques

Parmi les maladies non épidémiques mais contagieuses au premier chef, il faut placer la syphilis qui, d'après Michel Lévy, fait plus de victimes que la lèpre ancienne, la peste et la variole réunies. Au Havre, comme dans tous les ports de mer, cette terrible maladie n'atteint pas seulement la population flottante, mais aussi la population sédentaire. On ne saurait donc faire une application trop rigoureuse des réglements de police relatifs à la visite des filles publiques. A titre de garantie, la Commission a exprimé le vœu que ces visites, quelle que soit la catégorie des femmes qui y sont astreintes, soient exclusivement effectuées au dispensaire affecté au traitement des maladies vénériennes. Elle verrait avec satisfaction, que les médecins de l'armée soient autorisés à assister aux visites.

La Commission croit devoir aussi attirer l'attention de l'Administration, sur ces débits ou brasseries munis d'un personnel féminin, dont le rôle est trop facile à définir et qui fournissent à la débauche, dans les pires conditions pour la santé publique, des excitations de toutes sortes.

Création de dépositoires de quartier

Aux termes des lois et réglements, les inhumations ne peuvent avoir lieu que 24 heures après décès. L'accomplissement de certaines formalités, notamment l'obligation de la visite du médecin de l'état-civil, allonge le plus souvent ce délai. Il en résulte que certaines familles pauvres sont obligées de conserver dans l'unique pièce de ménage, pendant un ou deux jours au moins, les corps de leurs parents défunts. Pour obvier aux inconvénients auxquels donne lieu cet état de choses, la Commission recommande la création de dépositoires de quartier à l'instar de ce qui se pratique dans certaines villes d'Europe, notamment à Hambourg. Il est bien entendu d'ailleurs que le transport des corps dans ces dépositoires, resterait absolument facultatif pour les familles sauf dans le cas où le décès serait dû à une maladie contagieuse, et que toutes les précautions y seraient prises pour empêcher les inhumations précipitées.

Crémation des morts

L'inhumation des morts est une cause d'infection pour l'air, le sol et l'eau des lieux environnants. Le décret du 23 prairial an XII, prescrit l'inhumation hors de l'enceinte des bourgs ou villes, à une distance de 35 à 40 mètres; le décret du 7 Mars 1808, interdit de creuser des puits ou d'élever des habitations à moins de 100 mètres des cimetières; les hygiénistes demandent aujourd'hui une distance de 1000 à 1500 mètres. Mais l'on ne réussira encore de la sorte qu'à éloigner le mal sans le faire disparaître. Aussi, la question de la crémation des morts, est-elle à l'ordre du jour, dans plusieurs grandes villes, tant en France qu'à l'étranger. Le Conseil d'hygiène et de salubrité du département de la Seine, après une étude approfondie, a déclaré que, dans l'état actuel de la science, l'incinération des corps peut être obtenue sans production d'odeurs, de fumée, ni de gaz délétères, en ayant recours à des foyers à gaz analogues à ceux que l'on emploie dans la metallurgie (1).

Mais il a trouvé, d'autre part, dans la crémation, de très-sérieux inconvénients au point de vue de la médecine légale et, par suite, au point de vue de la sécurité publique. Pour réaliser un progrès sous le rapport de l'assainissement, il faudrait que la crémation soit établie comme règle au moins dans les grands centres de population. Or, on ne peut méconnaître que cette pratique rencontrerait actuellement bien des résistances, pour des raisons de sentiment sinon très logiques, du moins très respectables. Il y a donc lieu d'attendre que l'idée de la crémation, qui, somme toute, n'a été sérieusement mise en discussion que depuis une dizaine d'années, ait pénétré plus avant dans les esprits. Aussi, la Commission d'assainissement s'est-elle bornée, à émettre le vœu qu'une loi soit sollicitée des pouvoirs publics, pour autoriser la crémation *facultative*, en la subordonnant à des conditions de nature à sauve-

(1). Parmi les appareils crématoires expérimentés au cours de ces dernières années, les plus perfectionnés paraissent être le four Polli-Clériretti, en Italie, et le four Siemens à Dresde.

garder l'action de la justice, dans le cas où des recherches médico-légales seraient nécessaires.

Fondation d'une société de médecine publique et d'hygiène

Nous avons insisté, au début de ce chapitre, sur les services que rend le bureau municipal d'hygiène, et sur l'utilité que présente l'extension de ses attributions. La Commission a pensé qu'à côté de cette institution officielle, il y avait place pour une société libre de médecine publique et d'hygiène. Ce serait l'application dans notre ville de ce *self-government*, dont nos voisins d'Outre-Manche nous donnent tant d'exemples, et dont on parle si volontiers en France, mais qu'on pratique d'ordinaire si peu. A l'instar des sociétés du même nom, qui fonctionnent à Paris et à Bordeaux, la Société qu'il s'agit de fonder au Havre, serait une société ouverte, où l'on discuterait toutes les questions qui se rattachent à la médecine publique et à l'hygiène. Nul doute que chacun ne retire de pareilles discussions, convenablement dirigées, quelque instruction profitable. Une mince cotisation payée par chaque membre, suffirait pour subvenir aux frais de location d'un local convenable et d'impression des procès-verbaux des séances. Si, comme il est permis de l'espérer, le nombre des adhérents devient bientôt suffisamment élevé, la Société pourra, plus tard, établir entre ses membres une sorte d'assurance mutuelle au point de vue sanitaire. Conformément à ce qui se pratique dans plusieurs villes d'Ecosse, la Société rétribuerait un Ingénieur ou un architecte, qui, sur la demande de chacun des membres, visiterait les immeubles défectueux sous le rapport de la salubrité rechercherait les causes du mal, indiquerait les travaux à faire pour y remédier et, au besoin, en surveillerait l'exécution. Grâce à cette organisation on est parvenu, à Glascow notamment, à obtenir des propriétaires des améliorations où des réparations qu'ils n'auraient sans doute pas sans elle, été aussi empressés à accorder à leurs locataires.

CONCLUSION

Nous croyons avoir justifié les différentes conclusions de la Commission. Nous avons été puissamment aidé dans notre tâche par les rapports émanés des quatre Sous-Commissions. Pour plus de clarté, nous avons résumé dans un tableau d'ensemble, annexé au présent rapport, les vœux formulés par la Commission plénière.

En émettant ces diverses propositions, la Commission ne s'est pas dissimulée que leur exécution intégrale exigerait beaucoup d'argent et, partant beaucoup de temps. Mais, d'accord avec M. le Maire, elle a pensé, qu'en matière d'assainissement, comme en bien d'autres, il importe d'arrêter un programme avant de commencer. Il ne servirait à rien de vouloir amoindrir l'étendue de la tâche ; mieux vaut l'envisager tout entière et mettre en regard l'importance de l'amélioration à réaliser.

Ainsi que le faisait observer M. le Maire, dans son discours du 1er Mars, cette tâche est noble entre toutes puisqu'elle à pour objet d'améliorer et de prolonger la vie d'êtres humains. — Il a été donné dernièrement lecture, à l'Académie des sciences morales et politiques, d'un mémoire dans lequel un hygiéniste anglais, M. Edwin Chadwick, après avoir démontré les inconvénients des mauvaises conditions hygiéniques dans lesquelles vivent trop souvent les classes pauvres, essaie d'évaluer en livres sterling, le dommage que l'augmentation de la mortalité et de la criminalité, les pertes de forces productives, les frais de répression et d'assistance publique, infligent à la Société.

Nous n'essaierons pas de résoudre ce problème en ce qui concerne la ville du Havre; mais, nous pourrons bien l'affirmer sans crainte d'être contredit, en entreprenant résolûment l'assainissement de la cité, les hommes qui sont chargés de la gestion de ses intérêts, soulageront bien des misères physiques et morales, conserveront des citoyens à la France et, à ce titre, feront œuvre de patriotisme.

LE HAVRE, le 30 Octobre 1882.

Le Rapporteur,

ÉD. WIDMER.

Ce rapport a été adopté par la Commission, dans sa séance du 9 Novembre 1882.

VŒUX

FORMULÉS PAR LA COMMISSION

I. — Voirie

Adoption du système du « Tout à l'égout », sous la réserve *expresse* de l'accomplissement des trois conditions suivantes : — 1° une pente suffisante pour les égouts ; — 2° une abondante provision d'eau ; — 3° un écoulement constant.

Nécessité d'une ventilation parfaite des égouts.

Vœu énergique pour l'établissement à bref délai et sur un plan d'ensemble à étudier, de nouveaux égouts sous toutes les rues qui en sont actuellement dépourvues.

La section des égouts devra, autant que faire se pourra, présenter une hauteur de $1^{m}50$, sauf sur le versant de la côte.

Les égouts devront être pourvus de drains *à, leur partie supérieure*, pour permettre le drainage des rues.

Il y a lieu de supprimer la sortie des eaux d'égout sur la plage Ouest. Les eaux du collecteur du boulevard de Strasbourg devront être refoulées dans le collecteur Est, ou rejetées au-delà de la pointe de la Hève.

Les puisards et bétoires devront être supprimés.

Le mode d'enlèvement des détritus de ménage devant les maisons, par boîtes vidées directement dans les tombereaux, devra être rendu obligatoire; cet enlèvement devra avoir lieu strictement de six à huit heures du matin, en été, et de sept à neuf heures, en hiver.

Il y a lieu de solliciter du pouvoir législatif l'établissement dans la ville du Havre d'une taxe de balayage.

L'enlèvement des boues et poussières devra s'opérer en même temps que celui des détritus de ménage.

Stricte application des règlements de police, concernant l'enlèvement des neiges et glaces.

Nécessité d'un arrosage plus fréquent des rues. Emploi possible, à cet effet, d'eau de mer en cas d'insuffisance d'eau douce.

Amélioration des ruisseaux, nécessité d'un lavage général deux fois par jour.

Invitation à l'Administration d'étudier le meilleur moyen pratique pour prévenir les émanations des bouches d'égout.

Les rues nouvelles à ouvrir ne devront pas avoir moins de 15 mètres de largeur. Création de places et de squares.

Développement des plantations.

II. — Habitations

Obligation pour les propriétaires de drainer le sol des habitations.

Emploi de divers procédés pour prévenir l'humidité dans les maisons (couche isolante de bitume, de métal, à 0m20 dans les murs, au-dessus du soubassement, enduit de ciment, cloison intérieure, etc.)

Nécessité de donner aux chambres une hauteur minima de 2m60 et d'assurer par la ventilation un volume de 60 mètres cubes d'air par heure et par personne. Les prises d'air pour la ventilation doivent être pratiquées sur les façades les mieux exposées.

Obligation de munir les cabinets d'aisance de fermeture.

Application d'appareils siphoïdes partout où peut parvenir la distribution d'eau, tant pour les water-closet que pour les dalles et éviers.

Les fosses fixes doivent être munies d'un tuyau d'évent complètement indépendant du tuyau de chute et prolongé jusqu'au dessus du faîtage des maisons voisines.

Stricte application des règlements relatifs au nettoyage des gargouilles sous les trottoirs.

Il est nécessaire d'exiger de plus grandes dimensions pour les cours intérieures des maisons, d'obliger les propriétaires à paver le sol de ces cours, et à les munir d'un robinet d'eau.

Invitation à l'Administration de compléter les dispositions réglementaires relatives aux dépôts de fumier.

III. — Alimentation publique

Les habitants devront être pourvus d'eau abondamment et à bon marché. Si le volume débité par les sources qui alimentent actuellement la ville ne permettait pas de satisfaire à cette condition, il y aurait lieu d'en rechercher et d'en capter de nouvelles.

L'emploi de réservoirs en tôle, en fonte ou en maçonnerie doit être recommandé à l'exclusion des réservoirs en zinc.

Obligation du nettoyage des citernes.

Nécessité de la construction à bref délai d'un nouvel abattoir muni de tous les aménagements nécessaires (tueries, échaudoirs, rues couvertes, cabinets d'étude, chambre froide pour la conservation de la viande, abondante distribution d'eau).

Adjonction au nouvel abattoir d'un marché à bestiaux à placer entre le canal de Tancarville et la Seine.

La viande des animaux atteints de tuberculose généralisée doit être absolument rejetée de la consommation. En cas de lésions localisées dans le poumon, l'animal peut être accepté, s'il est en bon état de graisse.

Attributions du service d'inspection de la boucherie. (Voir le rapport.)

Nécessité d'une surveillance minutieuse du commerce de la charcuterie.

Vœu pour la création de vacheries en ville.

Améliorations à apporter au service d'inspection du lait.

Vœu pour la création d'un laboratoire municipal de chimie, en vue du contrôle des denrées alimentaires et des boissons.

Vœu pour la création d'une boucherie agricole et d'un marché d'approvisionnement.

IV. — Assistance publique

Extension des attributions du Bureau d'Hygiène.

Fusion de la Commission administrative de l'Hospice et de celle du Bureau de Bienfaisance.

Création de dispensaires de quartier.

Vœu pour la prompte ouverture du nouvel Hôpital.

Nécessité de la construction d'une nouvelle maternité et de l'augmentation du nombre des crèches.

Nécessité de rendre la vaccination obligatoire.

Création d'étuves de désinfection.

Stricte application des règlements concernant les filles publiques.

Création de dépositoires de quartier.

Adoption, en principe, de l'incinération facultative des morts.

Vœu pour la fondation, au Havre, d'une société libre de médecine et d'hygiène.

Havre. — Imprimerie Maudet et Godefroy.

ERRATUM

Pages 31 et 32, dans les passages relatifs au nombre de décès typhoïdes à Londres, Bruxelles et Dantzig, au lieu de 100,000 habitants, lire 10,000 habitants.